La vida d'un ignorant

MARGE BOOKS

Joan Turull Estatuet

La vida d'un ignorant

D'aquesta edició s'han imprès mil exemplars,
els primers trenta numerats a mà.

LA VIDA D'UN IGNORANT
1a. edició, desembre 2013

© 2013, Joan Turull Estatuet
© d'aquesta edició, ICG Marge, SL
Redacció del text: Marina Espasa

Edita: Marge Books
València, 558, àtic 2.ª - 08026 Barcelona
Tel. +34-932 449 130 - marge@marge.es
www.marge.es

Gestió editorial: Hèctor Soler, Ana Soto, Neus Piñol, Laura Martínez
Edició: David Soler, Rosa Serra
Col·laboració editorial: Joanaina Font
Compaginació: Mercedes Lara
Impressió: Novoprint (Sant Andreu de la Barca, Barcelona)

ISBN: 978-84-15340-91-1
Dipòsit Legal: B-27.088-2013

Índex

Agraïments

Si a algú li dóna per llegir aquest llibre, no vull que s'emporti cap mala impressió de la meva persona. Només he volgut reflectir que els moments que vivim ara es poden comparar, i molt, amb els dels anys cinquanta, tant pel que fa a les privacions i la desorientació que patíem com a l'obligació d'esforçar-nos al màxim per sortir d'aquest forat on ens trobem.

Per això, em vull fer un petit homenatge i encoratjar tots aquells que no tenen estudis —i els qui en tenen, també, perquè tots som iguals. Hem de procurar tenir un ofici i lluitar amb molt esforç, amb voluntat i amb ganes d'aprendre, perquè la societat ens faci un lloc. Penseu que cada dia surt el sol per a tothom i això s'ha d'aprofitar i penseu també en la qualitat de vida que proporciona el fet de tenir un treball estable; ningú no us regalarà res perquè pugueu viure millor, sinó que us ho haureu de guanyar vosaltres mateixos. O sigui que el que toca en aquests moments, a més de *l'I+D+I,* és treballar, treballar i treballar, i no hi ha cap altra alternativa. Ja ens en sortirem.

Vull agrair l'ajuda del Francisco Gil, que m'ha fet recordar la meva vida amb les entrevistes; de la Rosa Vispo, que ha treballat en la part gràfica; de la Marina Espasa, que ha redactat el text, i per descomptat el suport incondicional de la meva dona, la meva nora Isabel, els meus fills Joan III i Aniana, i els meus néts Pep, Carles, Joan IV, Nacho i Gerard. També m'agradaria recordar els meus pares, que em varen fer així.

Pròleg

La vida de Joan Turull ha estat i és una vida plena de treball, d'esforç. I també de la seva conseqüència: l'èxit. Perquè, ben mirat, una cosa porta a l'altra. Sense el treball de cada dia, l'esforç constant, la capacitat d'adaptar-se als canvis, d'innovar i de resistir quan cal, no es triomfa en la vida. Aquesta ha estat la trajectòria del senyor Turull, pastisser de Terrassa, que, a més, és molt representativa de l'empresariat català, especialment del petit i mitjà establiment comercial i d'estructura familiar.

En aquest llibre, hi trobem la seva trajectòria personal i les vicissituds del seu negoci, des del forn dels pares a la inauguració de la pastisseria ja fa un grapat d'anys. Aquells començaments, sempre aventurats i difícils, van ser encarats amb dedicació i amor al treball, i van suposar les primeres passes d'un camí que els ha conduït fins al dia d'avui.

Amb els anys, han vingut l'ampliació de la pastisseria, la creació de nous productes —alguns molt apreciats, com el pastís Cardinal— i noves botigues. La continuïtat i la feina ben feta han portat Joan Turull a ser considerat un dels millors del seu ram, no només de la seva ciutat, sinó del país en el seu conjunt. I avui dia pot tenir la satisfacció que la família assegura la continuïtat de la casa.

Però no ha estat sol en aquesta vida. Ha tingut en la seva esposa, Juanita, un gran puntal, tant del matrimoni i de la família, com del negoci. La seva dedicació ha estat plena, atenent a la clientela, detectant nous gustos i tendències, i fent suggeriments oportuns per satisfer els consumidors. La senyora Juanita ha estat una excel·lent comercial, o gestora de màrqueting, acostant la producció a la venda —en altres paraules, l'oferta a la demanda—, i també en el sentit invers, per tal que l'oferta s'adeqüés a noves necessitats del públic.

Del pastisser Turull vull destacar, així mateix, l'esperit de servei, no tan sols de cara als clients, sinó també implicant-se en els afers públics de la professió, a través del Gremi Provincial de Pastisseria de Barcelona. La seva gestió al front de l'entitat ha culminat amb unes realitzacions molt útils i reconegudes per l'ofici i per la societat en general: l'Escola de Pastisseria, el Museu de la Xocolata o la nova residència d'estudiants Barcelona Resident, que vaig tenir el goig d'inaugurar no fa gaire temps.

Artur Mas
*Molt Honorable President
de la Generalitat de Catalunya*

Presentació

Em fa molta il·lusió escriure unes paraules sobre una de las primeres persones que vaig conèixer al món de la pastisseria. Devia tenir uns disset anys quan el Juli Soler, natural de Terrassa, em va enviar a la pastisseria del Joan a fer unes pràctiques. Ho recordo com una de les experiències més memorables de la meva vida i que va començar a forjar la meva personalitat com a persona i com a professional. Als disset anys, per mi va ser tota una experiència veure un obrador dels de tota la vida.

Considero que el Joan i jo hem tingut una cosa en comú: molta sort. Sort per haver crescut en la família que ens va tocar, per mai acontentar-nos amb el que teníem i per buscar sempre nous reptes que ens fessin sentir vius.

Sort de tenir una Juanita i una Sílvia al nostre costat, que no només ens donessin suport moralment, sinó que estiguessin al nostre cantó, treballant i creient igual que nosaltres —o de vegades fins i tot més— en els nostres projectes.

El Joan, a títol personal i com a president del Gremi de Pastisseria de Barcelona, porta tota una vida lluitant i buscant el reconeixement que la pastisseria es mereix, reciclant-se i innovant per adaptar-la a cada època. D'una banda, impulsant grans projectes com el Museu de la Xocolata, i de l'altra, com a president del Gremi de Pastisseria, formant centenars de futurs alumnes per tal d'iniciar-los al món de la pastisseria i la xocolateria de qualitat.

Poder escriure aquestes paraules sobre un home que admiro tant no només és un gran honor, sinó també tot un orgull.

Albert Adrià

No serà la primera vegada que ho dic, però en cap ocasió haurà estat tan justificat com ara: el món de la cuina «salada» deu moltíssim al món de la pastisseria, aquesta «cuina dolça» feta de precisió, exactitud, sensibilitat i *savoir faire*. I dins d'aquest sector, en Joan Turull encarna la imatge del professional al màxim nivell, de la persona que ha sabut convertir un ofici en un art i en un exemple per als qui, com ell, ens dediquem a intentar fer feliços els usuaris a través de la gastronomia.

En efecte, la simbiosi que s'ha produït entre pastissers i cuiners en les últimes dues o tres dècades a Catalunya deu molt a persones que, com en Joan Turull, han contribuït a la formació de la millor generació de cuiners que hem tingut al nostre país. En Joan Turull i els grans pastissers catalans ens han ensenyat molt. No és casual que, en la decisió de l'Albert Adrià de dedicar-se a les postres, hi tingués molt a veure el fet que, de ben jove, passés una temporada treballant al seu costat.

Per tot això, estic especialment content de poder tenir l'oportunitat de participar en aquest llibre magnífic que homenatja l'home que, tant a nivell personal com per la seva tasca al capdavant del Gremi de Pastissers de Barcelona, és i continua essent un exemple per a tots nosaltres.

Ferran Adrià

La vida d'un ignorant

Introducció

Sóc el pesat del vostre avi. Sí, el que vigila el Pep des del despatxet que hi ha entre l'obrador i la botiga i li clava l'esbroncada si no fa les coses tan bé com sap fer-les, i el que no deixa mai el Carles en pau recordant-li que ha d'acabar els estudis. El que vol que tingueu molts amics i família, que sigueu feliços a la vida, però també els millors pastissers, els més treballadors i els més innovadors. Ja sé que el Pep és valent i decidit, tal com ho era el meu pare i com diuen que sóc jo, però encara sou molt joves i us falta experiència i ofici. L'ofici l'aprendreu —el Pep ja l'està aprenent— i l'experiència la viureu, d'això no n'hi ha cap dubte. Hi ha coses, però, que van passar fa molt de temps i que no teniu manera de saber, i consells que m'agradaria donar-vos, a vosaltres dos, al vostre germà més petit, el Nacho, i als vostres dos cosins, el Joan IV i el Gerard. Penso que si me'ls haguessin donat a mi quan tenia la vostra edat... Bé, potser no n'hauria fet ni cas, però per intentar-ho que no quedi. Anirem a pams, això serà com preparar un pastís dels més elaborats. Els ingredients ja els tenim i són de primera qualitat: vosaltres, la vostra mare, els vostres oncles, la vostra àvia i jo, tots els qui us estimem. També us explicaré quatre coses perquè sigueu vosaltres, després, els qui feu els vostres propis pastissos, i perquè visqueu com us sembli, però recordant, de tant en tant, el vostre avi rondinaire i bromista. Seieu i cordeu-vos el cinturó, que això comença molt enrere...

📖 *L'aprenent*

EL vostre avi va néixer el 26 de febrer del 1945 a Sabadell, però sempre ha viscut a Terrassa. Primer, al número 15 del carrer Camí Fondo, a casa dels avis, que tenien la Ferreteria Estatuet. Al cap de poc, els meus pares van arrendar un forn a la carretera de Rellinars, número 50, on encara tenim la pastisseria i on vivim la vostra àvia i jo. Vaig ser el fill gran. Recordo perfectament el naixement del meu germà Manel el 1950, quan tenia cinc anys i mig. El pare m'havia dit que vindria la cigonya a portar-me un germanet. I encara em veig, com si fos avui, estirat per terra davant de la porta de l'habitació de la mare, mirant per l'escletxa, a veure si, com a mínim, li podia veure les potes a la famosa cigonya!

1946-1955: un nen «mogudet»

Era molt entremaliat: havia arribat a fer-ne de tots colors. Posava boles de tifa de cavall dins dels cistells de les senyores que anaven a comprar, per exemple. Llavors era habitual que els carrers estiguessin plens d'excrements, perquè gairebé tot el transport es feia amb animals. Recordo com

Joan Turull Estatuet amb pocs mesos (1945).   Amb la mare, Teresa Estatuet Antiga (1946).

un autèntic somni l'estona que vam passar, amb els amiguets del carrer, pensant en la cara que devia haver posat la senyora en trobar-se aquella bola de fems entre el menjar fresc de la plaça. No només fèiem el brètol a Terrassa: recordo, com un paradís perdut, l'únic estiu que vaig passar a casa d'uns oncles a Sant Llorenç Savall. Amb la cosina Ramona de seguida vam descobrir que, si xutàvem la pilota i encertàvem uns cables de llum, s'encreuaven les línies i deixàvem tot el carrer a les fosques. No cal que us expliqui quantes vegades ho vam provocar. Amb un amic, jugàvem a caminar sobre els taulons de fusta que hi havia de banda a banda d'un rierol que s'estava cobrint per fer un carrer. Palplantats cadascú a un extrem, se'm devia ocórrer que havia d'anar a dir-li alguna cosa. En acostar-me a l'altra banda, vaig fer contrapès, el tauló es va aixecar i tots dos vam acabar dins de la claveguera. Vam arribar a casa xops i fent una pudor insuportable! Però això no ens va aturar, ni de bon tros. Amb la cosina vam descobrir que podíem fabricar balins de cuir amb una màquina de foradar cinturons: teníem municions gratis per a la seva escopeta de balins, i això no era poca cosa. Sempre m'he preguntat per què no m'hi van tornar a convidar, a casa de la cosina, si jo m'ho havia passat de meravella! De tornada a Terrassa, vaig retrobar els amics del carrer, i vam començar a acompanyar els pares al Casino del Comerç: mentre ells jugaven al quinto o al dòmino, nosaltres corríem per allà. Recordo una porta de vidre que no paràvem de travessar, una vegada i una altra. Un dia em vaig pensar que estava oberta i m'hi vaig tirar de cap! Vaig sortir a l'altra banda, ple de sang i vidres. El meu pare va quedar esbalaït.

El carrer, però, era el nostre autèntic terreny de joc: els partits de futbol eren inacabables, i ens costava molt deixar-los quan la mare ens cridava per anar a sopar. Jo sempre volia allargar una miqueta més. Una vegada, corria molt darrere d'una pilota que s'escapava i no vaig veure que creuava un carro davant meu. Les rodes d'un carro d'aleshores feien més d'un metre i mig d'altura i eren de fusta, amb un cercle de ferro per fora. Em va passar tota una roda d'aquestes per sobre del peu dret i em va fer un mal de mil dimonis, però no ho vaig explicar a casa perquè tenia por que em renyessin. Així que vaig passar el dolor tot sol, tancat a l'habitació, i era gairebé inaguantable.

Dos episodis em van marcar: un va passar en un pas a nivell que hi havia prop de casa i que cada dia havia de

El nen «mogudet» (1951).   Estrenant el regal de Reis (1949).

travessar per anar a l'escola. Un dia que feia tard, me'l vaig trobar baixat i amb un munt de gent que esperava. Impacient, vaig esperar que passés el tren, però no que s'aixequessin les barreres. Em vaig posar a córrer sense aixecar el cap i, quan ja era ben bé sobre les vies, els crits de la multitud em van fer adonar que, per l'altre costat, arribava un segon tren! Em vaig quedar petrificat, i el tren va passar, a tota velocitat, a menys d'un metre d'on jo era fent l'estàtua. Des d'aleshores, sóc molt més prudent i, cada vegada que passo un pas a nivell, em recordo d'aquell dia i estic molt alerta.

El segon episodi és fort. Sortíem d'escola amb un amic, i jugàvem a llençar enlaire un rodet de fil buit, de fusta, d'uns quatre centímetres. La mala fortuna va voler que, en un dels meus llançaments, la joguina acabés dalt d'un cotxe que passava. El cotxe va frenar en sec, el conductor va sortir fet una fúria i jo, espantadíssim, vaig començar a córrer. El conductor em va perseguir i em va atrapar i, mentre jo cridava com un boig i la gent sortia a veure què passava, em va obligar a entrar al cotxe i va conduir uns cinc-cents metres. Llavors es va aturar i em va fer baixar, després de manar-me que fes el favor de dir-li a tothom que no m'havia fet res. Vaig tornar a casa mort de por i tampoc no ho vaig explicar. Però la brama havia corregut pel barri, i al cap de mitja hora els pares m'estaven preguntant què havia passat. Es veu que un fuster havia pogut agafar-li el número de matrícula, i el pare va voler investigar qui era. Mai no me'n va dir el nom —no sé si per por a represàlies o que jo fes alguna altra bestiesa—, però diria que va rebre pressions perquè no se sabés mai més res d'aquell fet. Encara avui em tremolen les cames si hi penso.

El dia de la primera comunió
(8 de maig del 1953).

L'estiu del 1956, quan tenia onze anys, vam anar a passar-lo al santuari de Queralt, perquè el meu germà petit estava delicat de salut. De fet, va ser un nen força delicat. M'ho vaig passar pipa en aquelles muntanyes. Recollia fòssils que després la meva mare llençava, i trescava tot el dia per camins i boscos. Els diumenges venia el pare a passar el dia amb nosaltres, i sovint l'anàvem a esperar a la Font Negra, que quedava relativament a prop del santuari. Un diumenge li vaig dir a la mare que no calia que ens acompanyés, al meu germà i a mi, perquè aniríem a buscar el pare tots sols. Però em vaig passar de llest: vaig voler estalviar-nos unes corbes i vaig tallar per una drecera. Aviat estàvem ben perduts, i la veritat és que em vaig espantar. El meu germanet plorava i això em feia molta impressió, perquè, encara que tingués onze o dotze anys, jo també era una criatura i aquestes coses et queden gravades. Però vaig trobar la solució. Vaig agafar el meu germà, me'l vaig posar a collibè, i vaig dir: «És diumenge, hi ha d'haver molta gent passejant. Només hem de caminar cap on sentim veus». I dit i fet: vam anar a petar gairebé a la Font Negra, on el pare ens va recollir amb el sis-cents. Aquell dia vaig aprendre una cosa important: a la vida no pots fer sempre el que vols, sinó que fas el que pots, i per això has d'aprendre a fer bé les coses. Vosaltres, que també teniu un germà petit, el Nacho, segur que m'enteneu. Sempre els vols protegir, però a vegades traspasses una línia vermella que no s'ha de creuar, i fas

> **A la vida no pots fer sempre el que vols, sinó que fas el que pots, i per això has d'aprendre a fer bé les coses.**

Els Turull-Estatuet (el pare, la mare, el Joan i el germà petit, el Manel, en braços de l'Àngels, la noia que en tenia cura) davant del Fiat Balilla familiar.

més de pare que de germà. Penseu que ell i jo ens portàvem sis anys, i que, així, és difícil créixer units. No ens vam fer tant com altres germans, potser. I això ha fet que, de grans, siguem tan diferents, però estiguem més units que mai.

L'estiu següent el vam passar a Viladecavalls, aquí al costat, en una casa tan antiga que, per exemple, la comuna estava al mig del pati, darrere d'una cortina. Quan estaves allà instal·lat, les gallines et venien a molestar per sota del cortinatge. Ho trobava molt divertit. Un migdia de molta calor, mentre tothom feia la migdiada, me'n vaig anar al camp amb una capsa i no vaig parar fins que vaig haver capturat unes cent cigales. Els vaig posar una

Amb una mona de Pasqua tradicional al costat del germà petit, el Manel (1952).

Els germans Joan i Manel Turull.

palleta al cul i les vaig mirar bocabadat mentre lluitaven per treure-se-les. Al cap d'una bona estona, les vaig alliberar i es van posar a volar.

En certa manera, estic orgullós d'haver estat un nen entremaliat. No perquè sigui bo ser un brètol perquè sí, sinó perquè les coses que et passen quan ho ets —les bones i les dolentes— t'ajuden a fer-te més fort, i perquè el fet de ser així et fa guanyar amics de veritat, dels de tota la vida. D'això n'estic convençut. Ara, tenir fama d'entremaliat provoca que carreguis amb coses que no has fet: en cas de dubte, els grans t'atribueixen l'autoria de qualsevol malifeta, i a vegades s'equivoquen. Això a un nen li fa mal, perquè no entén el càstig si no té un motiu clar.

Com que era un nen molt mogut, recordo com una eternitat tres mesos seguits en què vaig estar malalt. Tot va començar amb un mal de coll i cansament, però aviat els metges van veure que tenia diftèria. Em van punxar unes injeccions enormes, però em vaig salvar de la traqueotomia que, aleshores, es feia de manera habitual. Les injeccions, però, eren tan doloroses, que jo quedava mig estabornit, gairebé paralitzat, i el meu pare m'havia de portar a coll fins al llit. Tant ell com la meva mare van patir moltíssim fins que no em vaig posar bé. De tot plegat, el que em va sorprendre més van ser les visites del pare Angelino, el meu professor dels Escolapis, a qui

> En certa manera, estic orgullós d'haver estat un nen entremaliat.

Els pares d'en Joan Turull: Joan Turull Queralt i Teresa Estatuet Antiga.

jo feia enrabiar molt sovint. Em devia tenir estima, així i tot, perquè em venia a visitar molts dies. O potser era per compensar els «pinyolets» al cap o els cops de regle als dits que m'havia fet tantes i tantes vegades. Us asseguro, Pep i Carles, que els professors no eren com els d'ara: eren molt més bèsties. I no diguessis res a casa perquè després te'n queia una altra.

Les escoles: Escolapis, Salesians, col·legi públic Egara i Escola Social

Ah, l'escola! Sempre vaig ser un alumne difícil, del que abans se'n deia *mogudet,* o com se us diu ara a vosaltres, *hiperactiu.* No crec que això sigui dolent. Crec que, per exemple, mai no he deixat res per a l'endemà, cosa que m'ha anat molt bé a la vida i a la feina. Però, és clar, els professors no devien pensar el mateix, i els meus pares, que m'havien de canviar sovint d'escola per culpa del meu mal comportament, tampoc.

Els primers records escolars són del col·legi de la senyora Angelina, on vaig estar fins als set o vuit anys, perquè només t'hi podies quedar fins que feies la comunió. Ho recordo com un bon lloc, de tracte amable, tot i que anar fins al lavabo, per exemple, era una experiència horripilant. Havies de travessar quatre classes buides i et cagaves —però de por— abans d'arribar al lavabo! Després vaig entrar a la que tothom coneixia com la sucursal dels Escolapis de Terrassa, que era un segon edifici que tenien aquests capellans. Què voleu que us digui? Castanyots, me'n queien a dojo. Et picaven al mig del cap amb el dit anular. Malgrat tot, vaig tenir-hi alguns amics.

Dels Escolapis vaig passar a ser un intern dels Salesians de Sarrià. Hi vaig aguantar tres mesos. Tampoc no és que m'ho passés malament del tot, però recordo coses molt dures, com un professor estripant davant meu les cartes que jo havia escrit a la mare, ja fos perquè tenien faltes d'ortografia o perquè, senzillament, no li agradava el que hi trobava escrit. Allò sí que era repressió. Em sembla que, en els tres mesos que hi vaig ser, em van deixar enviar dues cartes només. M'agradava, però, que hi hagués un equip de futbol, del qual, de seguida, vaig ser titular. Recordo, com una veritable tortura, les botes, que eren molt incòmodes i que, el dia que hi havia entrenament, havia

Joan Turull, amb bata i clenxinat, a l'escola de la senyora Angelina (1950).

Sarrià 8-12-55
Sª Dª Teresa Estruct
Tarrasa

Con grandes ansias queridísima mamà he estado esperando desde hace tiempo esta fecha y con no menor alegría la veo por fin llegar.

Y no hay, para menos, pues día tan hermoso como este no aparece en todo el año. Y es que esta vida sin madre, no es tal sino más bien un triste y continuo llanto.

¡Qué sería de mí sin ti ho madre! Tú que para mí lo eres todo, el ser más querido y la madre más buena y más santa. Por eso cuando en el colegio me hablan de la Virgen al punto mi mente vuela hacia ti.

Jamás me cansaré de dar gracias a la madre del Cielo por haberme dado en la tierra otra madre sin igual.

Déjame pues madre querida que dando rienda suelta a mis más íntimos afectos te diga y te repita mil veces que te quiero mucho con todo mi corazón y que nisiquiera una fibra deja de latir por ti y si acaso así no fuera al punto la arrancaría, que prefiero morir antes que no amarte a ti. Acepta queridísima madre estas pobres palabras que aunque sencillas, como de niño, son fiel reflejo de lo que siento. Recíbelas pues, en obsequio de gratitud que alivie al mismo tiempo las penas y sufrimientos que por mi bien sobrellevas.

Ni jamás me he olvidado ni nunca me olvidaré de ti, pero sobre todo en estos últimos días puedes tener por seguro que mis plegarias a la dulce Inmaculada han llegado hasta su altar más frecuentes y fervorosas a fin que ella que está buena y poderosa te llene de bendición y felicidad y al mismo tiempo colme también los deseos de este tu hijo que sabe cómo te quiere

Una de les poques cartes de Joan Turull a la seva mare que es van salvar de la censura dels pares Salesians.

de dur des de les set del matí fins al vespre, perquè no ens deixaven tornar a l'habitació. Acabava amb els peus del tot adolorits. El menjar —ja us ho podeu imaginar— no era res de l'altre món. La mare —la vostra besàvia— em donava tubs de llet condensada per reforçar l'esmorzar, que era fluixíssim, i per dinar hi havia una sopa horrible. Això us agradarà: per no haver-la d'acabar, posàvem totes les restes en un sol plat, que llavors col·locàvem a baix de tot de la pila amb tots els plats buits a sobre. Quan venien les cuineres a recollir-los, en agafar la pila feien pressió, i tota la sopa de l'últim plat vessava i deixava la taula ben bruta. Ens moríem de riure, és clar.

Al cap d'un mes de ser intern, un vespre, ho vaig passar molt malament. Se'm va acostar un professor després de sopar i em va demanar que resés per ell. El que vull dir és que se'm va acostar massa, no sé si m'enteneu. I tornava cada nit a demanar-me que resés per ell. Jo no entenia res, i pensava que més aviat resaria pels de casa meva i no pas per ell, a qui gairebé no coneixia. Fins i tot, un dia que havíem anat a jugar a uns camps que hi havia davant de l'antic camp de l'Espanyol —no el d'ara, sinó el que hi havia hagut a Sarrià—, se'm va voler endur en un lloc apartat per, segons ell, «resar una novena a la Verge». No me'l vaig creure i no el vaig acompanyar. Vam estar mitja hora jugant al gat i la rata, cadascú en una punta del camp de futbol. Cada vegada que ell canviava de cantonada, jo també ho feia. Fins que se'n va cansar. El millor del cas és que jo vaig entendre resar «una novel·la» i no «una novena», cosa que encara ho feia tot més incomprensible. El que sí que recordo és que no era capellà, sinó un professor que hi treballava. No em va dir mai més res.

Hi havia càstigs, també: cinc o deu voltes al camp de futbol per qualsevol minúcia. I, si era més greu, cap al despatx del director. Una vegada m'hi van fer anar, però un cop allà, el director no em va dir res. No ho vaig entendre mai. Un dels problemes més greus que tenia era que, a aquella edat, de vegades encara mullava el llit i estava aterrit per si em descobrien, perquè, als Salesians, qui mullava el llit era expulsat, sense excepció. Feia de tot per evitar-ho: no bevia gens d'aigua a partir de les dues del migdia o m'escapava al lavabo quan tots havíem de resar abans d'anar a dormir. De vegades m'enxampaven i em deien que era massa tard, que ja no tenia temps d'anar-hi. Un vespre, em vaig posar de genolls a terra, com sempre, per resar, i no vaig poder evitar fer-m'ho a sobre. Quan ja érem al llit, un company em va dir: «Aquí, a terra, sembla que hi ha aigua», i va cridar el professor que, per sort, va pensar que s'havia vessat algun got. L'endemà al matí allò ja era sec, i vaig passar desapercebut. O potser no i, per això, al cap de tan poc temps, per Nadal, els pares em van explicar que em treien d'allà. Crec, però, que ho van fer més per ells que no pas per mi, perquè no suportaven tenir-me intern i no veure'm cada dia.

> **"** El professor, si havia de sortir un moment de classe, em deixava a la pissarra explicant arrels quadrades als companys. Això em feia sentir molt orgullós. **"**

A mig curs era difícil trobar plaça en una altra escola, i per això vaig anar al col·legi públic Egara, que era molt a prop de casa, malgrat que per la distància que hi havia, avui segurament us acompanyaria amb cotxe. Només hi vaig passar els sis mesos que quedaven fins a final de curs, però tinc gravat el got de llet en pols que ens donaven cada tarda i que jo trobava sensacional perquè no l'havia provat mai. Pel que fa a les classes, m'anaven força bé, sobretot les matemàtiques. Els pobres alumnes de l'Egara eren encara més ignorants que jo, i el professor, si havia de sortir un moment de classe, em deixava a la pissarra explicant arrels quadrades als companys. Això em feia sentir molt orgullós.

El curs següent ja vaig entrar a l'Escola Social, on vaig quedar-me tres anys, fins als catorze. L'Escola Social és sinònim, per a mi, del director i professor Joan Artigues

Lapeyre. L'Artigues em va marcar molt, des de molts punts de vista. Era un gran professor, dur com una roca, però no em va arribar a entendre mai. O no estàvem fets l'un per l'altre, vaja. S'ha de dir que moltes generacions de Terrassa van passar per ell i que estic segur que som molts els qui li devem el fet d'haver arribat a ser persones com cal.

Una cosa li he de reconèixer: va ser ell qui em va ensenyar les taules de multiplicar, però no les del deu com feia tothom, sinó les del vint! Encara avui sóc més ràpid calculant mentalment que vosaltres amb qualsevol calculadora, o no, nois? Però parlàvem de l'Artigues. Em va calar de seguida, em castigava sempre que podia, i us puc assegurar que no pegava fluix. Jo li donava motius, és clar, com tirar paperets amb una goma. Un cop se'm va escapar i va anar a petar contra el comptador de la llum. Abans, als comptadors hi havia uns papers penjats, i tot plegat va fer un estrèpit que déu n'hi do. Per aquesta malifeta, l'Artigues em va fer retrocedir uns quants llocs als pupitres. Aleshores, els nois es col·locaven davant o darrere segons com es portaven de bé o de malament. Cada vegada que feies una bretolada, retrocedies un lloc. Ja us podeu imaginar que el vostre avi seia sempre molt enrere... Això, però, tenia els seus avantatges. A l'última taula hi havia mitja dotzena de taulers d'escacs. Podíem jugar-hi a l'hora del pati, però només els qui hi arribaven primer. Com que jo estava just al costat —a vegades, fins i tot, em desterraven fins a la mateixa taula dels escacs—, sempre trobava lloc per jugar! Vaig arribar a fer campionats interescolars i tot, i diria que vaig acabar segon o tercer, una vegada. Però l'Artigues, res, no em va ni felicitar. Tot i que era un gran professor, tractava amb una mica de menyspreu els alumnes que, com jo, teníem un comerç a casa. Ens deia que no sabia què fèiem allà, perquè, segons ell, no necessitàvem el batxillerat per a res. Vist en perspectiva, potser tenia raó, com avui, que hi ha molta gent que seria molt més feliç fent la formació professional que no pas el batxillerat —ara es torna a dir batxillerat, fixeu-vos com són les coses—, però, quan ens ho deia aleshores, a mi em feia mal. Val a dir, però, que gràcies a ell vam aprendre una mica de català, perquè, d'amagat, ens feia comprar llibres d'en Josep Maria Folch i Torres, i que ens obligava a llegir el diari un cop a la setmana i després donar la nostra opinió sobre un article que ell triés. Dues coses que trobo que són molt útils.

Una altra cosa típica del professor Artigues eren els vals, un sistema de puntuació que premiava el bon comportament. Cada vegada que feies una cosa molt bé, te'n regalava un que valia 25 punts i, si arribaves a 100, et regalava un llibre. Jo somiava amb aquell llibre! Vaig acumular 75 punts, però no va poder ser. Un matí, em va retirar els tres vals per un parell de ximpleries i em vaig quedar una altra vegada a zero. Jo hauria volgut demostrar que podia ser com els *empollons,* però l'Artigues era massa dur amb mi!

> De fet, un pot anar-se formant, sempre que en tingui ganes, al llarg de tota una vida.

Això dels primers de la classe, què voleu que us digui: els dos o tres que estàvem sempre castigats hem triomfat tots, a la vida. En canvi, els de la primera fila, no tots! Alguns sí, és clar, però no tots. En canvi, dels de darrere, tots ens n'hem sortit. Així doncs, els coneixements que aprens a l'escola no ho són tot. De fet, un pot anar-se formant, sempre que en tingui ganes, al llarg de tota la vida. I això és el que he fet jo i el que us recomano que feu.

Perquè acabeu de captar l'esperit de l'escola de l'època, us el resumiré en dues bufetades. De manera literal. Una, la que li vaig plantificar jo, amb onze anys, a un dels companys més veterans, de catorze, que no parava d'empipar-me. Després d'haver-hi parlat unes quantes vegades, i en veure que no em feia ni cas, vaig obrir la mà just quan ell s'estava tirant a sobre meu, i el vaig fer caure a terra sense sentit, com un sac de patates. Amb altres companys, li vam mullar la cara i li vam clavar petites bufetades fins que el vam fer tornar en si. Aleshores, li vaig demanar perdó, i vam ser amics molts anys. Em vaig espantar força, però, i estic convençut que si m'haguessin arribat a enxampar, m'haurien expulsat de l'escola.

L'altra bufetada va anar en direcció contrària, és clar: des de la mà de l'Artigues fins a la meva galta. Em va pegar tan fort, que vaig saltar del pupitre. I tot perquè m'havia enxampat just en el moment en què li passava la goma d'esborrar al noi de davant, que me l'havia demanat. Em va fer més mal la injustícia de l'acte, que la plantofada. Aquell company de davant i jo vam passar tota la joventut junts.

Primeres feines: ajudant la mare a la botiga i el pare a l'obrador

A deu anys, ja tenia obligacions. Molts dies ajudava a despatxar a la botiga de set a nou del vespre, perquè la mare tingués temps de preparar el sopar. Em posava al costat de la caixa, i preguntava a la mare si podia amagar alguns cèntims, de tant en tant, per fer una sorpresa al pare i donar-li, de cop, cinc-centes pessetes, o fins i tot mil. Quan ho feia, el pare quedava encantat, és clar, perquè eren diners amb què ja no comptava i així podia pagar, de cop, alguna cosa o altra que sempre hi havia pendent. Potser no era del tot conscient que ja estava començant a tenir sentit de l'estalvi, perquè la veritat és que jo ho feia sobretot per donar-li una sorpresa al meu pare i que estigués content. La qüestió és que ho feia i que ho he continuat fent sempre.

No només treballava a la botiga: també li feia de secretari al pare, que era alcalde de barri, una cosa que ara ja no existeix. S'ocupava d'atendre peticions de ciutadans de tot el districte cinquè. Jo l'ajudava a omplir registres i certificats. Penseu que la gent venia a la botiga a demanar certificats, reclamacions, sol·licituds o el que fos, i se n'havien d'anotar els noms i cognoms. «Necesito el certificado de pobreza, que no puedo pagar la basura», «Muy bien, ¿cómo se llama?». A vegades no podia evitar les entremaliadures. Quan sentia cognoms com ara Borrego o el nom d'algun poble andalús que em semblava incomprensible, se m'escapava el riure, i el pare em renyava molt i em clavava cops a l'esquena. El que el feia enfadar més era que, mentre ell atenia una persona, jo comencés a atendre la següent de la cua i li comencés a demanar dades per al certificat. Això no li agradava gens, però és que d'aquella manera anàvem més de pressa, penso jo.

Darrere del taulell del forn familiar a la carretera de Rellinars, número 82: el germà petit, Manel, el Joan, amb la safata d'ensaïmades a la mà, el pare, la mare i la Pilar, una dependenta.

A l'obrador de la carretera de Rellinars, número 82, aprenent a pastar (1959).

A catorze anys, vaig començar a treballar de nits a l'obrador del pare, que encara no era tan gros com aquest, però era aquí mateix. Entrava a les nou del vespre i plegava a les set del matí. Recordo, com si fos avui, la primera nit: malgrat que era el fill del propietari, els companys em van fer passar el mateix ritual que qualsevol aprenent, i ho vaig aguantar força bé. No és que no em sabés fer respectar, sinó que vaig entendre que s'havia de passar per allò. De tots els companys d'aquells primers anys, qui recordo amb més estima és l'Amadeu, que gairebé va ser un avi per a mi, encara que li feia tota classe de trapelleries, com ara posar-li sargantanes dins dels pantalons de l'uniforme o tirar-li aigua mentre era a la comuna. Ara que sóc gran, sé que ho feia com a mostra d'estimació, però, és clar, en aquell moment no li devia fer gaire gràcia! Em va ensenyar a fer la pala, o sigui, a enfornar tot el pa de cop, ben col·locat, perquè si no ho feies així, tot el que no t'hi cabia es passava. Aleshores teníem forn fix —no com ara—, un forn que trigava una hora a coure el pa. S'havia de saber omplir-lo bé, anar posant les barres —pam, pam, pam— perquè fessin tota la volta a la superfície. Sempre demanava a l'Amadeu que em deixés posar el que en diem *l'última caixa,* que era com l'última filera de pa.

Penseu, Pep i Carles, que només teníem una màquina de pastar. Malgrat que anava amb motor, a vegades quedava inutilitzada si hi havia talls de llum, dels quals n'hi havia sovint. Si passava, havíem de pastar-ho tot a mà, i tot pot voler dir cent quilos. No sé si us podeu arribar a imaginar la força que calia fer per afinar tota aquella pasta! I, per il·luminar-nos, fèiem servir uns llums de petroli que es deien Petromax. Una vegada, a un operari se li va encendre

Quan el pare va fer l'obrador del forn de la carretera de Rellinars, número 82, que ara regenta el germà petit, Manel (1959).

un mentre mirava el forn. El meu pare li va tirar per sobre una tela que servia per guardar el pa i li va salvar la vida. Més tard, vam tenir una burra de gasolina —un generador— que servia per quan hi havia els talls de llum. Ara, la solució que representava també portava problemes: era molt sorollosa i els veïns es queixaven sovint perquè no podien dormir.

L'any 1960, va arribar el pastisser Josep Muntaner, que anava molt per feina i no xerrava gaire. Em va ensenyar els principis del meu ofici, però va imposar uns horaris que em mataven: dormia de deu de la nit fins a quarts de tres de la matinada. Aleshores em llevava i treballava fins a les onze del matí. Llavors dormia quatre horetes, i després m'hi tornava a posar. Fins i tot, durant dos anys, vaig anar totes les tardes a classes de repàs. Això de dormir a intervals em feia anar molt cansat tot el dia, amb molta son. Llavors ja teníem dos obradors —i no un—, perquè el meu pare havia comprat un forn aquí al costat, al número 82 de la carretera de Rellinars. Us preguntareu per què ho va fer, si ja en teníem un. La seva resposta és molt il·luminadora: «No ho faig per treballar més, ho faig per eliminar la competència, perquè no hi hagi ningú que posi un forn al costat del meu». Com podeu veure, a vegades, els motius pels quals fem una cosa no són del tot evidents. El fet de tenir dos obradors volia dir que, si faltava algú al forn, el pare m'hi enviava, o que jo em passava el dia transportant barres de pa de l'un cap a l'altre. Així van passar dos o tres anys, fins que en vaig fer disset. Van ser mesos i mesos de formació, i de buscar el meu lloc a la vida i la meva vocació. Tot i que encara no ho tenia del tot decidit, cada vegada veia més clar que m'estava encaminant cap a la professió de pastisser. I el meu pare hi va tenir molt a veure, en aquesta decisió.

Joan Turull, pare: un model a seguir

El meu pare, o sigui, el vostre besavi, també era molt mogut. Ja us he dit que va comprar el forn que hi havia a cent metres de casa. En demanaven un milió de pessetes —que eren molts diners fa cinquanta anys— perquè era forn i finca, i tots els amics li deien que estava boig. Per poder-lo començar a comprar, es va vendre el cotxe —un sis-cents—, un terreny que tenia i no sé quantes coses més, fins a quedar-se del tot pelat. El seu pare, o sigui, el meu avi, no parava de preguntar-li: «I com ho pagaràs, això, Joanet?». I ell, tranquil, contestava: «No et preocupis; treballant i treballant». I ho va fer. Era un negociant de mena, pur instint, com jo, i diria que com el Pep. Treballava moltíssim, i aleshores les condicions eren molt més dures que ara. Els talls de llum, pastar a mà, carregar sacs de farina a l'esquena... Ara parlem de crisi, però aquells anys, els de la postguerra, van ser molt difícils. No sabíem ni què hi hauria per sopar cada nit!

Una de les seves màximes era la qualitat: sempre havia de ser la més alta. Recordo parlar amb ell d'una mantega, per exemple: «Quina és la més bona?», em preguntava ell. I jo li deia: «Aquesta»; «Doncs agafa aquesta». I jo m'hi resistia, i li deia que no sortirien tan bé els números si agafàvem la que em demanava, però ell ho tenia molt clar: «Aquesta. I sempre serem a temps de pujar una mica els preus, si no surten els números». I amb el pa

> **Una de les seves màximes era la qualitat: sempre havia de ser la més alta.**

feia el mateix: la millor farina, res de provar-ne una que valgués deu cèntims menys. Us explicaré un episodi que us servirà de molt. El meu pare devia tenir cinquanta-cinc anys o gairebé. Un encarregat que tenia, que es deia Josep, feia quinze dies que es queixava de la farina: «Aquesta farina no és bona, no és bona», i el pa sortia malament. El meu pare se'n va afartar i va dir: «Aquesta nit em quedo jo». Va baixar a l'obrador i aquell dia el pa va sortir boníssim, com sempre. Què passava? Que l'encarregat i el proveïdor s'havien posat d'acord, i estaven provant que el meu pare canviés de farina, potser perquè el proveïdor treia més diners de la que li volia encolomar. Però no el van enganyar, al meu pare, que sabia que la farina de sempre era la bona.

> La qüestió és que era un llençat i que va tenir el tren abans que ningú, i això em va quedar gravat: s'ha de ser atrevit.

Sempre estava a l'última, sempre innovava. Va ser el primer forner de Terrassa que va posar un tren d'elaboració del pa, que li va costar set-centes mil pessetes. No era com els d'ara, sabeu? Hi havia una màquina de pastar, una pesadora automàtica, una formaboles i una càmera de repòs. Però cap d'aquelles màquines feia les barres, eh? Les barres les fèiem nosaltres a mà. Aquella maquinària, però, ens evitava molts esforços i tot un procés de caixa. La qüestió és que era un llençat i que va tenir el tren abans que ningú, i això em va quedar gravat: a la vida s'ha de ser atrevit.

Només volia contractar els millors pastissers, com el Pepe Balcells —de qui ja us en parlaré més endavant—, a qui va fitxar de can Baixas. Era molt estricte amb els qui treballaven amb ell: no podia suportar que la botiga es quedés sense dependenta, per exemple, ni un sol minut, i menys si era la vostra àvia! I tot s'havia de fer com ell ho volia i quan ell ho volia. També és veritat que, gràcies a això, el pa que feia va guanyar molta fama, perquè era ben bo. També era molt generós: recordo unes llistes interminables de gent que devia diners al forn! Cent, cinc-centes pessetes... Deixava que la gent s'emportés el pa i li pagués quan pogués, a poc a poc. Fins i tot avalava clients, i això a vegades li portava problemes, perquè els clients s'enfadaven amb ell en lloc d'enfadar-se amb els bancs, que eren els que reclamaven la lletra. I era un home

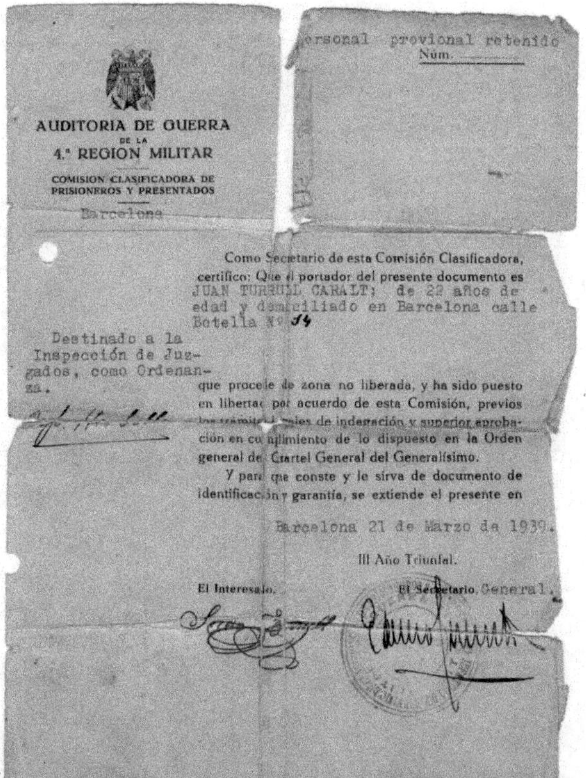

Document que li permetia el pas de la zona republicana a la nacional a Joan Turull pare, la primavera del 1939.

molt familiar, sempre disposat a ajudar els seus. Això també ho he heretat, n'estic segur. Durant la Guerra Civil, va anar a buscar el seu germà, a qui havien metrallat les dues cames, més amunt de Lleida. Va carregar un sac de pa i se'n va anar a buscar-lo en tren. La família ho era tot, per a ell, no es guardava res. Encara recordo, com si fos avui, una vegada que em va enviar a Sant Llorenç Savall a buscar el meu oncle, que era malalt i a qui ja donaven per mort. Però el meu pare, tossut, volia que el baixéssim a l'hospital de Terrassa. No oblidaré mai aquella baixada en ambulància. El meu oncle era un sac d'ossos, quasi un cadàver, i feia tanta pudor que havíem d'anar amb les finestres obertes tota l'estona, perquè si no, no podíem ni respirar. En arribar a l'hospital, el doctor Claveria —amic del meu pare— el va operar, i encara va viure deu anys més, així que el pare li va salvar la vida. «S'està morint, s'està morint», deia el metge de Sant Llorenç. Doncs no. I un altre oncle, un que vivia aquí a Terrassa, va tenir un infart ara fa anys, i tothom, excepte el meu pare, pensava que no arribaríem a temps a Barcelona amb l'ambulància. Doncs hi vam arribar, i l'oncle no va morir fins l'any passat, a vuitanta-vuit anys. També el va salvar el meu pare, en certa manera. En això sóc ben bé igual: sempre pensant en els altres. Malgrat que, a mesura que et fas gran, t'adones que hi ha molta gent que no respon, que no és agraïda, i a qui tant li fa haver estat generosa com no, aquestes coses només es veuen quan t'has fet gran, no mentre les fas, i tant el meu pare com jo hem estat persones de no guardar-nos res per a nosaltres i trobo que està bé.

També valorava molt l'amistat, el pare. Recordo que, per Sant Joan, venia molta gent a casa. Jo estava cansadíssim d'haver treballat durant tot el dia anterior fent coques i durant el mateix matí de Sant Joan, però em feia estar-me allà tota la tarda, i si no ho feia, agafava unes enrabiades molt fortes. Tenia geni, el tenia, i podia clavar-me plantofades si havia fet alguna cosa malament, sobretot de petit, perquè de gran sempre em va respectar molt. I la meva mare també el tenia, fins i tot potser més, perquè mai no oblidava el que havies fet. En canvi, el pare, al cap d'un parell d'hores, ja se n'havia oblidat.

Hi ha una altra cosa que he heretat d'ell: la participació en organitzacions i associacions de la ciutat, encara que a mi m'ha tocat fer-ho més provincialment. Com us he explicat, va ser alcalde de barri i després regidor de l'Ajuntament de Terrassa durant dues legislatures, fins al 1977, quan hi va haver les primeres eleccions democràtiques. Abans no hi havia eleccions com ara: els sindicats formaven el que s'anomenava el *tercio sindical,* i les entitats econòmiques, culturals i professionals formaven el *tercio de entidades.* Aquests dos terços, més un tercer, triaven les persones que consideraven més adequades per als càrrecs. Tots dos terços l'elegien sempre a ell. I això que només era un forner, una feina que aleshores era molt poc important. La gent important eren els fabricants del tèxtil, per exemple. Però ell, de seguida, es va convertir en un home de confiança de l'alcalde, qui sabia que, li encarregués el que li encarregués, el meu pare faria la feina ben feta. Això li va valdre algunes enemistats, també, perquè fer les coses com cal està molt bé, però també genera enveges.

Fins i tot va estar a punt de ser tinent d'alcalde. Me'n recordo molt bé perquè em va demanar que l'acompanyés a l'Ajuntament el dia de la presa de possessió: li devia fer il·lusió que el seu fill veiés com el nomenaven. Però la cosa no va anar bé, i va tornar a sortir només regidor, perquè hi havia un jove molt ambiciós —un que encara volta— que li va passar al davant. El meu pare estava enfurismat amb l'alcalde, perquè deia que li havia promès que el tinent d'alcalde seria ell, i quan li vaig preguntar per què havien escollit l'altre, em va donar una resposta que em va quedar gravada: «Home, és que aquest té més estudis que jo». I ho vaig trobar injust, perquè no li estaven reconeixent el mèrit de l'esforç ni els coneixements que dóna tenir un ofici, i em vaig quedar molt frustrat. Mireu, doncs, si són importants els estudis, Pep i Carles. En aquell temps, i ara també, et fan semblar més important. Ara, això no vol dir que siguis més bo.

El meu pare només tenia un defecte: tot el que tenia al cor, ho tenia a la boca, i és per això que no va arribar mai a ser polític, perquè no sabia ni mentir ni fingir.

El 1962, un any desgraciat: la riuada de Terrassa

La riuada de Terrassa és una desgràcia tan famosa que segur que n'heu sentit a parlar moltes vegades, però us explicaré com la vam viure els de casa. Cap a dos quarts de nou del vespre del funest 25 de setembre del 1962, el pare estava a punt de sortir de casa perquè tenia una reunió del club de futbol, que tenia la seu a la rambla de Terrassa. El pare, però, que va veure que feia un cel molt negre, va pensar que seria més prudent quedar-se a casa, per si marxava la llum. Aquesta mena d'intuïció —o de sisè sentit— li va salvar la vida: al cap de mitja hora, a les nou, començava a caure una tromba d'aigua, d'uns dos-cents litres per metre quadrat, que va arrasar amb tot i tothom que va trobar al seu pas. A l'obrador, van començar a fallar els fluorescents i a despenjar-se del sostre. Quan vam pujar al terrat a veure què passava, hi vam trobar mig metre d'aigua. Patíem per la pila enorme de sacs de farina que teníem a sota, i vam intentar desembussar els desai-

La riuada de Terrassa. Aquest és l'aspecte que presentava una antiga fàbrica després del pas de l'aigua (1962).

Més desperfectes causats per la riuada (1962).

gües, però les clavegueres de la ciutat anaven tan plenes que no podien absorbir tota aquella aigua. El pare em va enviar a casa d'un veí, l'enguixador Valldaura, que era un home de recursos. L'home, que era molt disposat, va venir a corre-cuita. Quan va veure la situació, ens va demanar alguna cosa que punxés. Li vam deixar un paraigua, i ell va fer uns quants forats al sostre de guix; així va evitar que el sostre sencer cedís pel pes de l'aigua, cosa que hauria estat un desastre total. Cap a les onze de la nit, el pare em va enviar a dormir, però ja em va prevenir que em llevaria molt d'hora, perquè l'endemà s'hauria de fer més pa del normal. I efectivament, a les tres del matí ja hi érem.

Aquella tarda vaig voler baixar a comprovar com havia quedat el centre de Terrassa. L'espectacle era dantesc: motos caragolades als arbres, cotxes aixafats... Jo només pensava què li hauria pogut passar al pare si hagués anat a la reunió del club de futbol. Em vaig voler oferir per ajudar, i vaig anar al cementiri amb els meus amics Enric Llosses i Joan Calonge (DEP). Abans d'entrar-hi, em van haver de vacunar i em van avisar del que hauríem de fer: netejar amb una mànega els morts que anaven arribant, i després posar-los una injecció de formol i tot de serradures dins del taüt. Hi havia tota una pila de caixes plenes de cossos per identificar. Tot allò va ser massa per a mi, i no vaig ser capaç de quedar-m'hi. Vaig tirar cap al col·legi major Alfons Sala, una residència d'estudiants, on

> **"** *L'espectacle era dantesc: motos caragolades als arbres, cotxes aixafats... Jo només pensava què li hauria pogut passar al pare si hagués anat a la reunió del club de futbol.* **"**

s'havia refugiat molta gent que s'havia quedat sense casa, i on necessitaven voluntaris per ajudar a servir el menjar. I vaig estar-hi anant totes les tardes durant un parell de mesos o tres, cosa que em va donar molta satisfacció.

El 1963, un any clau: el mestre pastisser Jaume Sàbat. El Pepe

Els gairebé dos anys que vaig passar a l'obrador del mestre Jaume Sàbat em van acabar d'ensenyar l'ofici de pastisser. No cobrava ni un duro, eh? No us penseu. Era més aviat com anar a escola. Em llevava cada dia a les sis del matí per agafar els ferrocarrils de les set cap a Sant Cugat del Vallès. Només vaig arribar dues vegades tard, i l'esbroncada que vaig rebre va ser considerable. A can Sàbat vaig aprendre com s'havia de treballar. El Jaume Sàbat era més un artista que un pastisser, i jo sempre dic que sóc exactament el contrari, un pastisser abans que un artista. Li he d'agrair, però, que em fes estimar l'ofici. Això crec que és de les coses més importants que hi ha a la vida: si no t'estimes la feina que fas, més val canviar-la. I ell em va fer veure que jo m'ho estimava, això de fer pastissos. I panets! Fèiem carreres de marcar panets, ja que abans es marcaven tots a mà —no com ara, que els marqueu amb marcadors. Es marcaven tots a mà, i a tots els obradors es feien carreres entre

> **"** Treballàvem molt, la disciplina era molt rígida: jo dormia una estona en un matalasset a terra, i després, au, a treballar una altra vegada. **"**

els companys per veure qui en marcava més. Treballàvem molt, la disciplina era molt rígida: els dissabtes jo només dormia una estona en un matalasset a terra, i després, au, a treballar una altra vegada fins a les quatre de la tarda. Llavors tornava cap a Terrassa en tren, i sort que era l'última parada, perquè sempre m'adormia al vagó, de tan cansat com anava.

En Sàbat era polifacètic: quan no estava a l'obrador, estava dibuixant o escrivint novel·les. Sempre creava. Jo pensava: «Aquí no hi arribo, aquí no hi arribo», però diria que vaig aprendre'n coses importants, coses que costen de definir, però que són molt importants, de base. Va morir l'any 1994, just després de guanyar el Corró d'Or. Va ser el primer, juntament amb el Santapau, a rebre aquest distintiu del Gremi de Pastissers.

Us he dit que el més important de can Sàbat va ser aprendre a estimar l'ofici, i això no és mentida, però tampoc és tota la veritat, perquè a can Sàbat vaig conèixer un dels meus amics de l'ànima, el germà gran que no vaig tenir, el Pepe. El seu nom autèntic era Josep Balcells Pallarès, però sempre va ser el Pepe. Us podria explicar mil anècdotes del temps que vaig passar amb ell, mentre érem a l'obrador d'en Sàbat, però amb un parell us en fareu una idea ben clara.

La primera la podríem anomenar *escarment*. Hi havia un dependent, el que venia els diumenges, que no ens queia bé. Era un prepotent i no tenia cap mirament amb res. Baixava a l'obrador, obria la nevera i s'amorrava al perol que, sovint, teníem amb orxata que havia sobrat del dissabte. És clar que era per als companys, però nosaltres fèiem servir un got per beure-la, no com ell. Llavors, un dia, el Pepe se'n va afartar i va omplir un perol de clares d'ou, farina de blat de moro, aigua i una mica de sucre. Una barreja fastigosa, vaja. I vam esperar que baixés el senyor Xosep —era ell qui deia: «Sóc Xosep, el dependenc». Quan es va amorrar al perol, ja us podeu imaginar que ens va dir de tot! Però no ho va tornar a fer mai més. Gràcies al Pepe, vam quedar ben tranquils.

La segona anècdota també és típica del caràcter bromista i arrauxat del Pepe. Un dia estàvem ell i jo a l'obrador, amb el Kiku, i va arribar un home a demanar feina. El Pepe li va preguntar: «I què saps fer?», i l'altre va contestar que era oficial de primera. El Pepe, de seguida, va agafar un cornet i va començar a fer dibuixos i sanefes amb xocolata, i el va reptar a fer el mateix. L'altre, que era un superb, no se'l va creure i no es va atrevir a provar-ho. Malgrat que el Pepe no podia decidir si el contractàvem o no —això només ho podia fer el Sàbat—, era tan ràpid que no va poder evitar baixar-li una mica els fums a aquell aspirant.

Vam ser amics molts anys, amb el Pepe. Vam treballar junts a la pastisseria, perquè el meu pare el va fitxar. Li va oferir més diners que els que cobrava a can Baixas, imagineu-vos! I ell es va entendre de meravella amb el pare i també amb la mare. Tant que, fins i tot quan ja no treballava aquí, la venia a visitar sovint. Es va casar amb la Maria Pepa Magrans, a qui sempre deia: «Seca, que ets una seca!», quan la veia passar per davant de l'obrador, i amb qui encara ens fem molt. Quan em van elegir president del Gremi, el Pepe va tenir por que això ens distanciés, i malgrat que jo tenia claríssim que no passaria, em va saber greu que ho pensés. I després va morir, massa jove, just un any després que morís la meva mare, i jo crec que encara no he paït que no hi sigui. Encara no ho he paït. Per això us aconsello que feu el possible per no perdre els amics que feu, els de debò, perquè són molt valuosos.

Una cosa que ja no existeix: la mili (1964)

No sé si sabeu, nois, que abans el servei militar era obligatori. No se'n salvava ningú, o quasi ningú. Jo vaig pensar que era millor demanar un lloc que fos a prop de casa, per poder-ho combinar amb la feina, i em vaig oferir voluntari a Sant Boi de Llobregat, a automobilisme. Em pensava que així em salvaria de la instrucció i de les pràctiques de tir, però m'equivocava. Al cap de tres mesos ens van enviar a tots a un poble de Tarragona que

es diu els Pallaresos. El viatge fins allà ja va ser tota una
aventura: vam agafar el tren, i vam baixar a no sé quina
estació, des d'on vam haver de caminar molta estona.
A mi se'm van fer unes butllofes horroroses als peus, i
gairebé no podia ni caminar. Vaig anar a la infermeria,
i allà em van donar una pomada i tiretes, però el peu no
hi havia manera que millorés. Sort que un company que
era infermer —i a qui aprofito per donar les gràcies des
d'aquí— em va veure i em va dir que no faria res amb
el que m'havien donat. Així que em va fer estirar al llit
i em va obrir, amb molta cura i una fulla d'afaitar, totes
les butllofes que tenia. Em va alleugerir molt el dolor!
Però això no va ser tot: eren les nou de la nit, i encara no
teníem matalassos. Les lliteres, de tres pisos, oferien un
panorama desolador, i a més d'un li van saltar les llàgrimes,

us ho puc ben dir. Al cap d'una estona, van arribar tot de matalassos, i cadascú se'n va carregar un fins al llit que va voler, o el que va poder.

L'endemà al matí, ens van fer netejar un tros de camp ple de matolls, pedres i trossos d'uralita. El sergent ens va dir que creméssim les herbes i apiléssim les pedres en un racó. Però, és clar, nosaltres només teníem dinou o vint anys, i a algú se li va ocórrer tirar un tros d'uralita al foc per veure què passava. I el que passa és que explota com un petard. I ja us podeu imaginar tota la colla tirant trossos d'uralita al foc per fer-la explotar. Semblava un castell de focs! El sergent primer no entenia què passava, però quan ho va descobrir, ens va clavar una esbroncada forta.

I va començar la instrucció. Quan encara no havíem completat ni dues voltes corrent, el sergent em va cridar l'atenció perquè no duia botes. Li vaig ensenyar un paper que m'havien fet a la infermeria, de tan malament que tenia els peus, i que em donava permís per portar espardenyes. El problema era que, si jo calçava un 42, les espardenyes que m'havien deixat eren un 37, i les havia de portar a retaló. I això ja va ser massa per al sergent: «¿Cómo quieres marcar el paso con *espardenyes*, y encima mal puestas? Vete de aquí, que no te vea». I feliç com un gínjol, me'n vaig anar cap a la cantina, a esperar l'hora de dinar i a escoltar música dels Beatles.

Com tothom, vaig fer amics a la mili. Els dos millors van ser el Francisco Val Abadia (DEP) i el Carles Torres. El

> ¿Cómo quieres marcar el paso con *espardenyes*, y encima mal puestas? Vete de aquí, que no te vea.

Carles feia metre vuitanta i era molt flegmàtic. El Paco era més com jo, d'un metre seixanta-cinc, entremaliat, noble i rebel a la vegada. Com que fèiem automòbils, portàvem gorra de plat, que era una gorra que es podia confondre fàcilment amb la que portava el sergent amb els galons, sobretot al vespre, quan no s'hi veia tan bé. Nosaltres ho aprofitàvem, i obligàvem els reclutes a quadrar-se davant nostre i saludar-nos com fan els militars. Els pobres ho feien de seguida, i nosaltres, després, ens moríem de riure. Però la broma va durar poc, perquè els reclutes van començar a aprendre com distingir les graduacions, i vam haver de deixar de fer-ho. Una llàstima.

Durant el mes i mig que vam estar en aquell campament, vaig ser assistent de cambra d'un tinent: em passava tot el matí arreglant-li l'habitació i netejant-li les botes mentre els altres feien instrucció. Això em va salvar d'haver de fer coses com llençar bombes de mà o fer exercicis de tir. Tot i que en vaig fer alguns, és clar. Recordo que ens divertia molt apuntar cap als matolls, perquè les bales eren traçadores, que volia dir que, si tocaven els matolls, els encenien. I ja ens tens a tots corrent cap als matolls per apagar focs cada vegada que, per casualitat, els encertàvem. Tampoc no fèiem mal a ningú, i ens divertíem molt. He dit que no vaig haver de llençar bombes de mà, però no és veritat. Pocs dies abans de plegar, encara que plovia, ens van fer sortir a llençar-les. Ho havíem de fer des d'una mena de muret que tenia forma de ferradura i una altura d'uns vuitanta centímetres. Ens deien que comptéssim fins a tres, mentre fèiem el moviment endavant i endarrere amb la mà, abans de llençar el projectil. El cas és que un soldat que estava mort de por es va acostar amb el sergent cap al muret i, quan ja comptava tres, es va espantar i va deixar caure la bomba allà mateix, a terra. I tots a córrer! Ell i el sergent, que no parava de cridar que el volia matar. I nosaltres, morts de riure. «I la bomba?», deveu pensar. Res, no va arribar a esclatar.

També tinc una anècdota del dia de la jura de bandera, com tothom, però la meva és especial. La nit anterior no m'havia trobat bé de la panxa, i havia hagut d'anar al lavabo cada hora, fins i tot a vomitar. La qüestió és que, de bon matí, no m'aguantava dret. Els companys em van veure fatal i van avisar el sergent, i la veritat és que es va portar molt bé. Em van col·locar en un llitet de l'ambulància, on em vaig quedar adormit de seguida. Em van despertar al final de la cerimònia, just perquè em llevés i jurés la bandera, ja que si no ho feies, era com si no haguessis fet la mili, i t'havies d'esperar que tot un altre campament fes la instrucció, i això sí que no estava disposat a fer-ho. Un cop superat aquest tràmit, ens van fer tornar cap a Sant Boi, on vaig poder fer coses més útils, com ocupar-me de la cuina o treure'm el carnet de conduir. Primer ens feien donar voltes a un camp de futbol conduint un Chevrolet, i al cap de quinze dies ja sortíem a la carretera!

> **"** Del servei militar, com de tot, se n'aprenien coses. Si t'hi posaves de través, o no li veies el costat bo, et podies amargar molt, i jo no estava disposat a fer-ho. M'ho vaig passar bé, vaig riure molt i vaig procurar agafar-me bé les coses. **"**

Jo crec que una de les coses més importants que vaig aprendre, a part d'aprendre a espavilar-me en general, va ser a passar desapercebut, a fer servir l'astúcia. Una vegada, per exemple, em vaig deslliurar de fer una marxa de trenta quilòmetres només fent una pregunta que va provocar una mica el meu tinent. Em vaig assabentar que l'assistent del capità no havia d'anar a la marxa, i li vaig preguntar al meu tinent si l'assistent del tinent hi havia d'anar. I l'home es va picar: «Coño, si el asistente del capitán no va, ¡mi asistente tampoco!». Així de fàcil, veieu? Només em va caldre jugar una mica amb el seu orgull. Mireu, del servei militar, com de tot, se n'aprenien coses. Si t'hi posaves de través, o no li veies el costat bo, et podies amargar molt, i jo no estava disposat a fer-ho. M'ho vaig passar bé, vaig riure molt i vaig procurar agafar-me bé les coses.

El futbol, una passió

Sempre havia jugat a futbol pel carrer, amb la colla d'amics. Cap al 1958, amb tretze anys, jugava a la Unió Esportiva Terrassa, i era titular cada diumenge. L'any següent vaig entrar al Jaba Carmelitano, un club que aleshores era molt conegut. Hi vaig ser dos anys, però vaig jugar poc, perquè em costava molt que l'entrenador em posés a l'equip. El meu pare no veia amb gaire bons ulls que jugués a futbol, perquè aleshores ja veia que era un món una mica fosc i ple d'aprofitats. Això sí, ell estava a la Junta del F. C. Terrassa i deixava que l'acompanyés als entrenaments del dijous a la tarda. A mi m'encantava, perquè sempre faltava algun jugador o altre i jo el substituïa. El meu lloc preferit era el de lateral dret. Vaig arribar a jugar al costat del mític Parra, que havia jugat a l'Espanyol. Al final, però, una lesió de menisc i el fet de començar a treballar a l'obrador del pare de nit van ser una combinació letal: no podia fer-ho tot, i vaig deixar el futbol; un altre camí que la meva vida hauria pogut seguir.

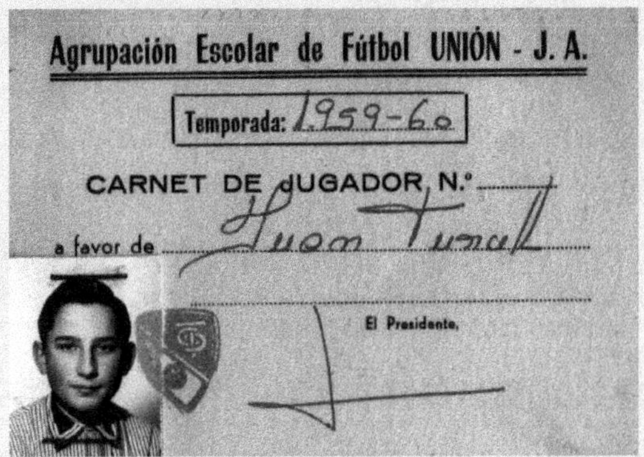

Carnets de jugador de futbol de la Unió i del Jaba Carmelitano de les temporades 1959-1960 i 1960-1961.

Aprofitant que, com a integrant de la junta del Terrassa, tracta amb clubs com el Barça, Joan Turull pare s'enduu els fills Joan i Manel a Barcelona perquè coneguin el mític futbolista László Kubala, amb qui es fan aquesta fotografia.

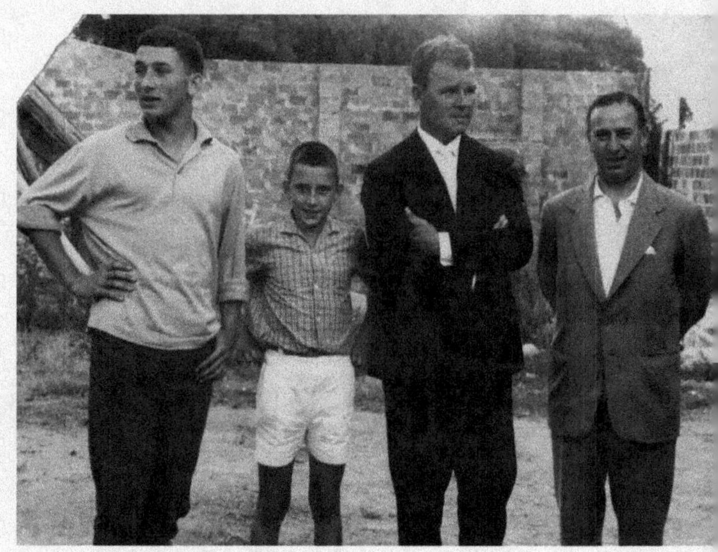

Amb l'equip de la Unió.
El Joan és el primer per l'esquerra de la fila de dalt (1959).

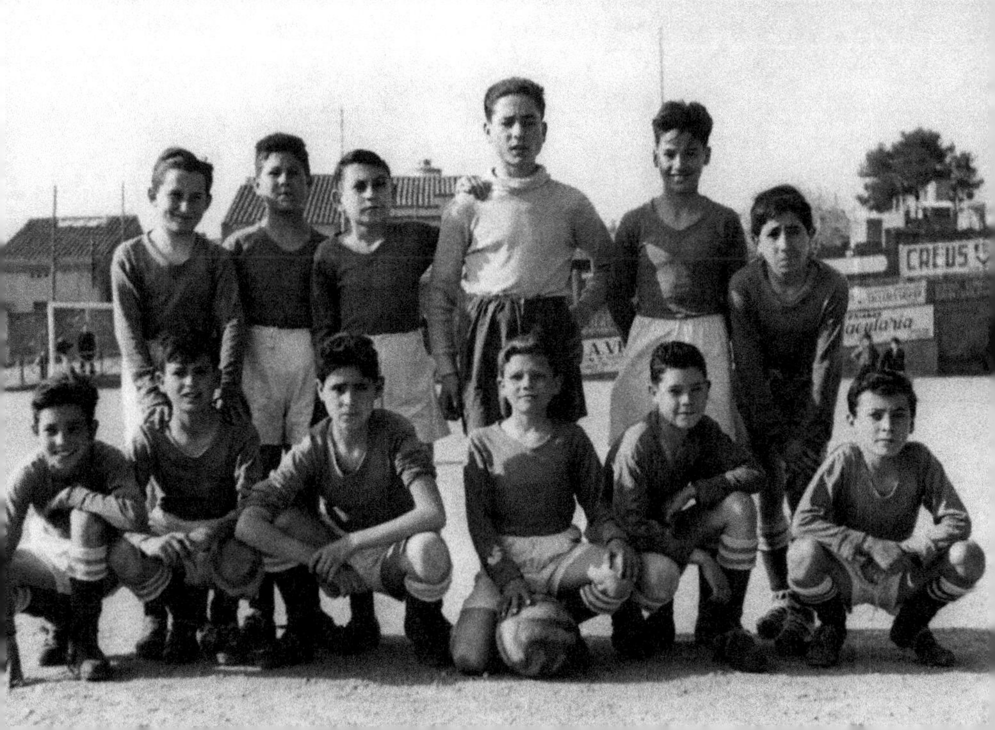

La família

PEP i Carles, això vull que us quedi ben clar: la famí-
lia és el més important que hi ha a la vida. S'ha de
procurar que es mantingui unida, tot i les discussions
o les tensions. Hi ha famílies que es trenquen per una
herència —que potser són quatre duros, però es tren-
quen—, i a mi em sembla una llàstima, perquè és molt
trist que els diners desfacin una cosa tan bonica. I, a part
de la dona, que és la que tries, la resta et ve donada: fills,
néts, gendres o joves. Com ara vosaltres. O sigui que s'ha
de fer el possible per avenir-te amb tots. Això, ara, pot-
ser us costa d'entendre, però a mesura que us aneu fent
grans, crec que recordareu el que us explico.

La dona: la vostra àvia Juanita
«Casar-se amb ella va ser com treure la loteria»

La vostra àvia, la Joana Salvador Corral, era una de les
dependentes de la botiga —una de les millors, és clar— i
em va agradar des que va arribar. Jo tenia només divuit
anys i ella catorze, però de seguida vam començar a fes-
tejar. «Me'n vaig al cine amb la Juanita», li deia al pare,

i ell, invariablement, em preguntava: «Ja tens cèntims?».
Jo sempre m'espavilava: els havia estalviat de la setmana
anterior, o com fos. Plegàvem de la botiga a les tres de
la tarda, havíem de dinar, canviar-nos i anar a peu fins
al cine, on no arribàvem fins a les cinc o les sis. Per això
només teníem temps de veure una pel·lícula —i potser
mitja de la següent—, perquè a les nou havíem de tornar
a ser a casa. Recordo el primer ball amb la vostra àvia.
Aleshores, els balls es feien a les cases particulars. *Balls
particulars,* se'n deien. Jo era molt gelós, i molt sobrepro-
tector, i li prohibia, per exemple, que vingués a veure'm
als concerts que feia —vaig estar en dos grups de música;
això també us ho explicaré, però d'aquí a una estona. La
qüestió és que, a vegades, tocàvem a llocs poc recoma-
nables i —tot s'ha de dir— les fans se'ns tiraven a sobre

La Joana Salvador Corral (Juanita) amb cinc anys (1953).

El Joan i la Juanita (1963) arreglats per a la foto.

en acabar, i jo no volia que la Juanita ho veiés. Ara, quan acabava el concert, tenia tantes ganes de veure-la, que me n'anava de seguida! El pare, que ens veia a tots dos molt tímids, es va cansar d'esperar que féssim el pas i, un bon dia, ens va cridar i ens va dir que ens havia reservat lloc a Montserrat per casar-nos aquell setembre. I va ser així com ens vam casar, l'any 1968. Els dos anys anteriors vam estar fent guardiola: cada setmana cadascú posava cinc-centes pessetes en una capsa.

> "El que tinc clar és que casar-me amb la Juanita va ser el moment clau de la meva vida. Va ser com comprar un meló i que et surti madur: el màxim!"

I amb aquells diners —cinquanta-mil pessetes— vam poder fer el viatge de noces a Andalusia. La vam recórrer de dalt a baix dalt d'un Citroën Brek. Teníem tres set-

*Els nuvis, Joan Turull i
Joana Salvador,
acabats de casar
a Montserrat
(4 de novembre de 1968).*

manes, però, al cap de divuit dies, érem de tornada: ja n'havíem tingut prou, de voltar!

El que tinc clar és que casar-me amb la Juanita va ser el moment clau de la meva vida. Va ser com comprar un meló i que et surti madur: el màxim!

Ens vam instal·lar en un pis que quedava molt a prop de la pastisseria i que feia setanta-cinc metres quadrats. Hi vam viure tretze anys. Hi van néixer la vostra mare i el vostre oncle i vam ser molt feliços. Però estàvem molt apinyats, perquè també vivia amb nosaltres una noia que tenia cura dels nens, i necessitàvem més espai. Per això, l'any 1980, després de fer obres, vam traslladar-nos al costat de la botiga: teníem més espai i podíem vigilar la pastisseria en tot moment. I encara hi vivim, nosaltres dos, i vosaltres, quan veniu.

Sempre dic que la vostra àvia Juanita té gairebé el seixanta per cent de la responsabilitat del meu èxit professional, o del nostre, més ben dit. Sempre vaig considerar que, si havíem de comprar una cosa, havia d'estar a nom dels dos, que la pastisseria era cosa de dos. Ella, a la botiga, i jo, a l'obrador, però remant en la mateixa direcció. Potser alguna dependenta va reaccionar malament pel fet que una d'elles es convertís en la mestressa, però la Juanita va saber portar la botiga de meravella.

> **«** Sempre s'ha sabut relacionar molt bé amb la gent: és molt més coneguda ella que no pas jo, a Terrassa! **»**

És una persona que es fa estimar per tothom, ja ho sabeu. Sempre s'ha sabut relacionar molt bé amb la gent: és molt més coneguda ella que no pas jo, a Terrassa! És ella qui tot el dia em presenta gent, perquè jo m'he passat la vida tancat a l'obrador i no conec a ningú, i quan arribo a un lloc, ningú diu «mira, en Turull!», perquè no saben quina cara tinc.

Amb el Citroën Brek,
de viatge de noces
per Andalusia (1968).

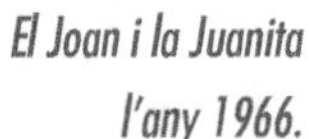
El Joan i la Juanita
l'any 1966.

El que encara és més important que això, però, és que la Juanita ha estat sempre el meu suport personal: quan no em vaig trobar bé i vaig tenir estrès i, després, una depressió, sempre va ser al meu costat. A vegades anàvem a sopar i si jo necessitava sortir a passejar per agafar aire perquè notava que me'n faltava, ella m'acompanyava. Agafàvem el cotxe —conduïa ella— i anàvem a donar un volt perquè em calmés. No m'he sentit mai sol, amb ella. Mai. I sempre m'ha animat. Una altra dona no m'hauria aguantat, d'això n'estic segur.

Els fills: el vostre oncle Joan i la vostra mare Aniana
«El naixement d'un fill és una cosa molt grossa, almenys per a mi»

El vostre oncle Joan va ser el nostre primer fill, i per a mi va ser inevitable pensar que seria l'hereu del negoci. Si fins i tot el vam batejar i vam fer la celebració a l'obrador acabat d'inaugurar, l'any 1970! De seguida vaig veure, però, que no estava fet per quedar-se tancat en un obrador. És fill de la seva mare: té molta facilitat per relacionar-se amb la gent, és un bon venedor, és intel·ligent i domina la informàtica i l'anglès com el que més. Quan era jove, discutíem cada vespre, però això és normal entre pares i fills. Ara que s'ha anat fent gran, crec que em comença a valorar més. Això és una cosa que ens passa a tots. A mi també em va passar amb el meu pare, però quan vaig començar a ser gran vaig adonar-me que ell no era tan ximple com jo m'havia pensat de jove. Es va casar amb la Isabel, com sabeu, i tenen dos fills, els vostres cosins Joan IV i Gerard.

Bateig de l'Aniana Turull: Joan Turull pare amb Joan Turull fill als braços i la Juanita amb l'Aniana. A la dreta, els avis, Teresa Estatuet i Manel Salvador (1973).

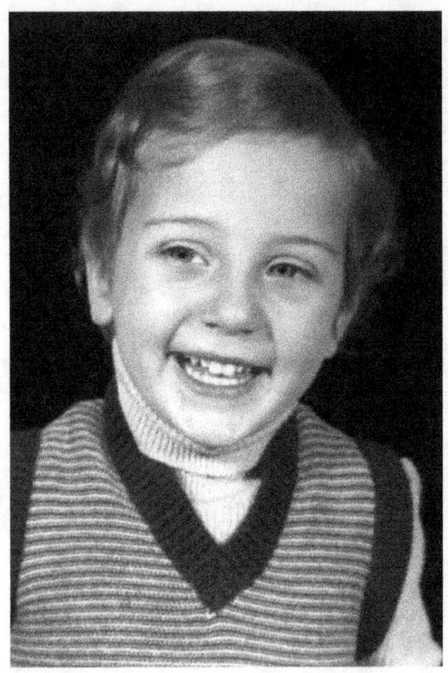

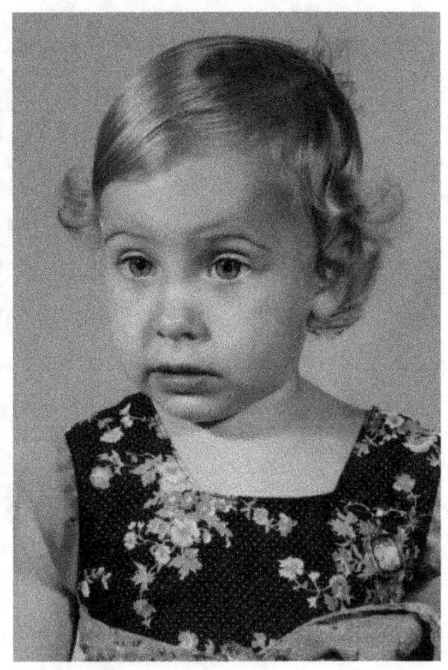

Joan Turull Salvador (Joan III),
amb quatre anys (1974).

Aniana Turull Salvador
amb tres anys (1976).

Els veig molt feliços i estabilitzats. Potser m'agradaria veure'ls més sovint, però les coses van com van, i sempre he pensat que no és bo ficar-se massa a la vida dels fills. El fet que, de ben jove, ja es fes càrrec del seu propi negoci —la fàbrica de productes per a celíacs— va suposar una gran alegria i un gran descàrrec per a mi, perquè vaig veure que, dels dos fills que tenia, un ja es col·locava i que, per tant, podia deixar-li la pastisseria al segon, o més ben dit, la segona: la meva filla Aniana, la vostra mare.

L'Aniana va arribar l'any 1973, quan jo en tenia vint-i-vuit. Aquell naixement ja va tenir història: per poc que no arriba a la carretera de l'Arrabassada. L'àvia es va posar de part i la vaig dur corrents cap a la clínica Dexeus —que aleshores era a l'avinguda Tibidabo de Barcelona—, i quasi que no hi som a temps. Al final hi vam arribar, però la vostra àvia no es va poder ni canviar de roba: va parir tal com anava vestida. Ja sabeu d'on vaig treure aquest nom tan original, oi? Li vam posar Aniana perquè teníem uns amics que havien fet servir aquest mateix nom per a una nena que havia nascut l'any anterior que nasqués el Joan, i vam haver d'esperar a tenir una nena per fer-lo servir. La vostra àvia ho tenia claríssim.

Tinc la sensació que m'he perdut una mica la infància de la vostra mare i del vostre oncle: treballava tant, em llevava tan d'hora i m'hi estava tantes hores, a l'obrador, que tots aquells anys em van passar en un tancar i obrir d'ulls. Segur que no sóc l'únic a qui li ha passat, però no deixo de sentir una mica de recança. L'únic dia que podia estar amb ells era el dilluns, que, per a mi, era festiu, i llavors, encara que haguessin d'anar a escola, me'ls enduia per poder estar una mica més amb ells. També me'ls havia endut de fires, a l'estranger i tot, però poques vegades. En certa manera, se m'han fet grans sense adonar-me'n, gairebé com vosaltres! I potser em podrien recriminar que no vaig estar prou per ells, que no els ajudava a fer els deures, per exemple, però jo tenia pocs estudis i, de se-

> "Tinc la sensació que m'he perdut una mica la infància de la vostra mare i del vostre oncle: treballava tant, em llevava tan d'hora i m'hi estava tantes hores, a l'obrador, que tots aquells anys em van passar en un tancar i obrir d'ulls."

guida que van tenir nou o deu anys, ja no els vaig poder ajudar. A més, sempre treballava.

Pel que respecta a l'Aniana, per exemple, tinc clavat el record de no haver pogut anar a veure-la córrer. Sabíeu que competia quan era adolescent? Havia guanyat un parell de medalles, però no vaig poder-ho veure. La vostra àvia sí, és clar, però jo no, perquè les curses eren sempre en cap de setmana, que era quan hi havia més feina a la botiga. Vist ara, en perspectiva, potser és cert que m'hauria pogut escapar, però quan tenia trenta-cinc anys em semblava que la feina ho era tot, i m'hi ofegava, i no donava la importància suficient al fet d'anar a veure un fill fent el que fos. Això només ho he entès de més gran. No us n'oblideu.

L'Aniana us va tenir molt jove. A tu, Pep, només amb dinou anys! Quan vaig saber que estava embarassada, vaig quedar en estat de xoc, però, després, l'alegria de ser avi i el fet de veure-la a ella tan feliç ho van suplir tot.

Els germans Joan i Aniana (1979).

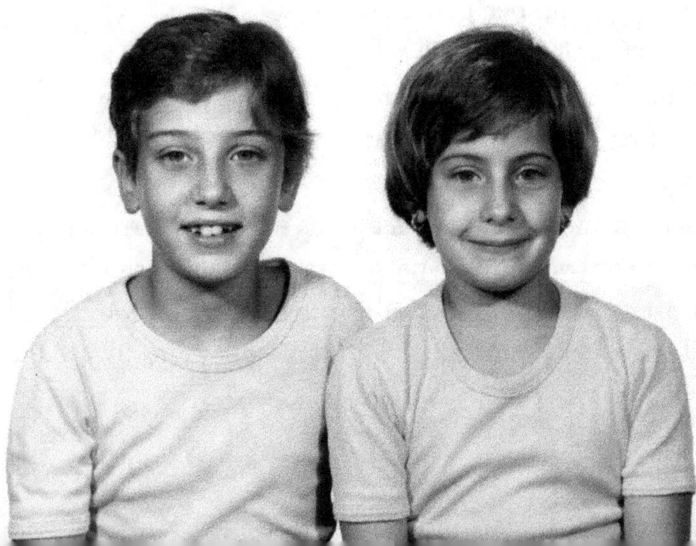

I ella ha estat sempre una dona molt valenta, que es va enfrontar, amb força, al fet de pujar les criatures molt joveneta. Tu, Carles, vas néixer al cap de dos anys. Uns quants anys després, vindria el tercer, el Nacho. El seu casament amb el Guillermo no va durar. Però bé, això són coses que passen.

Tenim un caràcter semblant, la vostra mare i jo, oi? Som reservats, tot i que tenim el caràcter fort, i demostrem poc l'afecte en públic. Això no vol dir que no me l'estimi molt, eh? L'estimo moltíssim. En canvi, respecte a la seva mare, són dos pols oposats: la Juanita, tot i que té més caràcter del que sembla, sempre l'ha sabut controlar, i l'Aniana és més explosiva, com jo. Potser és perquè ens contenim massa, no diem les coses quan s'han de dir, i llavors, de cop, explotem. El que potser tinc és la sensació que la Juanita i jo hem estat un fre per a ella, com passa a tantes famílies de comerciants o d'empresaris, on la segona generació —la meva— no acaba de deixar que explotin les qualitats de la tercera —la de l'Aniana. Perquè ella pogués desenvolupar tot el seu potencial —que crec que en té molt—, el seu pare i la seva mare hauríem de desaparèixer del mapa i deixar-la fer. Morir-nos no, eh? No cal que us quedeu sense avis, encara! Només deixar-li el negoci, o deixar-vos-el a tots tres. Això, però, és molt fàcil de dir i costa molt de fer. I, amb la situació econòmica tan difícil que hi ha ara, encara m'hi resisteixo més, perquè no us vull deixar sols davant del perill. És evident que tenim maneres diferents d'afrontar aquesta crisi tan salvatge, i això comporta certes tensions, però jo crec que ens en sortirem. Vaja, n'estic convençut!

Vosaltres, els néts: Pep, Carles, Nacho, Joan IV i Gerard

Què us he de dir? Sou cinc néts magnífics. A més de vosaltres dos, Carles i Pep, hi ha el vostre germà Nacho i els vostres cosins, el Joan IV i el Gerard. Els tres més petits encara van a escola i es porten molt bé. Tu ets el gran, Pep, ara faràs vint-i-un anys, i ets el que ha decidit que vol continuar l'ofici. T'he tingut a l'obrador, vas fer dos cursos a l'escola del Gremi de Pastisseria, i has estat tres mesos a casa del nostre amic de Lleida Rafael Tugues. Aviat t'enviaré a treballar a Barcelona, perquè has d'aprendre coses fora de casa; no pot ser que no

Els cinc néts: Pep, Carles, Nacho, Joan IV i Gerard.

L'avi Joan Turull amb el nét Nacho Martínez Turull (2004).

surtis d'aquí en tota la vida, i que siguis sempre «el fill del propietari» —o el nét, que si fa no fa és el mateix—, perquè això té certs inconvenients. Diuen que ets el meu reflex exacte: que tenim el mateix caràcter fort, la mateixa intuïció, i que seràs el meu relleu, però jo crec que tot el que siguis, t'ho hauràs de fer tu. És veritat que tens disciplina: fas esport, fins i tot puges quasi cada dia a la Mola, però potser et falta una mica d'organització i d'ordre per a la feina. Tens fusta de líder, com jo quan era jove, però et falta una mica de mà esquerra, has d'aprendre a modular-te. Potser encara t'assembles més al meu pare que a mi, perquè el meu pare també era extravertit, no com jo, que sóc més tímid. No vas voler ni acabar el batxillerat perquè ja tenies claríssim que volies ser pastisser, i malgrat el que pensi no t'ho discutiré ara. De tota manera, penso que potser tu, Carles, si també t'acabes dedicant al negoci, el podries ajudar. De moment, acaba els estudis, perquè avui dia és important tenir-ne, i fins i tot prova d'estudiar una carrera, perquè, per portar un negoci, fa falta gent que sàpiga de números. Caldrà que us avingueu treballant, és clar, però per a això encara falta molt de temps. De moment és la vostra mare qui ha d'organitzar tot això. No vull ni pensar en com serà la pastisseria d'aquí a vint anys, no puc ni imaginar-m'ho. El vostre germà Nacho, que tot just té deu anys —però que ja diu que vol ser pastisser—, en tindrà trenta, i també s'ha de pensar en ell. Compto que l'oncle Joan donarà feina als seus fills, o que farà el que cregui més convenient. Ara, si els vostres cosins també volen ser pastissers, els haureu d'ajudar, que per alguna cosa sou els grans i teniu una certa responsabilitat. L'important, amb els fills o amb els néts, és que facin el que vulguin, però que ho facin: que s'independitzin i que cadascú faci la seva. Així que ja us podeu espavilar.

El més important per a mi, però, és que tingueu un bon record del vostre avi, com el que jo puc tenir del meu. Penseu que tot el que us hagi pogut regalar, o pagar, no ha de ser més important que les hores que hàgim passat junts o els llocs on us hagi portat: són els records bonics el que compta, no aquesta joguina o la de més enllà. Això no té cap importància, i ho sabríeu si haguéssiu viscut una altra època més dura.

Els avis Turull-Estatuet: dos records

El meu avi Miquel Turull Armengol va morir el 1964, a vuitanta-vuit anys, quan jo en tenia dinou. Tot i que el vaig tractar poc i amb una certa distància pròpia de l'època, l'estimava molt. Això de la distància potser us costarà d'entendre, però, aleshores, per exemple, no es feien petons a les galtes com ara. Es feia el que es deia *l'amistat,* que era un petó al dors de la mà, i prou. Doncs bé, aquest avi, quan vaig fer la comunió, em va regalar vint-i-cinc pessetes, i vaig marcar aquell bitllet, perquè per a mi era sagrat i no volia que se'm barregés amb cap altre. El portava dins de la cartera, però no el tocava mai. Encara el tinc. Us poden semblar pocs diners, Pep i Carles, però aquell regal va ser l'únic que em va fer el meu avi en tota la vida. Quan hi penso, i ho comparo amb la quantitat de coses que us regalem als nens avui, m'esgarrifo, i no puc creure que només hagin passat cinquanta anys. Sembla una eternitat. El

Els besavis del Joan,
Pere Turull Clusella
(mort el 1900)
i Maria Armengol Bolta
(morta el 1905).

Els avis paterns del Joan, Camila Queralt Barcelona i Miquel Turull Armengol.

El mític bitllet de vint-i-cinc pessetes, regal de l'avi, que encara conserva Joan Turull.

pitjor és que m'adono que vosaltres, els néts, no ens recordareu mai amb la mateixa intensitat, perquè el simbolisme d'aquelles vint-i-cinc pessetes no el pot superar res del que us hàgim comprat ara, res.

L'altre avi, l'Agustí Estatuet Parés, va morir el 1936, amb quaranta-dos anys, del mal de Pott, que era com se'n deia abans d'un tipus de tuberculosi que afectava els ossos. Per això, la meva àvia, la Núria Antiga Mas, va quedar vídua ben jove, amb dos fills per pujar i una ferreteria per portar; havia de tenir el caràcter fort! La filla gran —la meva mare— l'ajudava a portar diners a casa, perquè feia de modista, però, en canvi, el fill petit, el meu oncle Manel, no va sortir gaire bon treballador. No tenia instint d'empresari. Recordo, molt més

Els avis materns del Joan, Núria Antiga Mas i Agustí Estatuet, amb la seva filla Teresa, futura mare del Joan (ca. 1916).

L'àvia Núria Antiga
Mas davant de la
Ferreteria Estatuet.

tard, cap als anys seixanta, com el meu pare l'intentava ajudar: «Escolta, que tens la ferreteria molt antiga, has de començar a posar rentadores, no pots quedar-te amb els clauets i els martellets». Però el meu oncle no va saber fer-ho a temps, es va quedar endarrerit, i quan va començar a posar rentadores, les altres ferreteries ja en tenien cinquanta de cada marca! Un desastre. Era molt

Consuelo Martínez,
l'àvia de la Juanita,
i una mica àvia
adoptiva del Joan,
cap al 1965.

bona persona, això sí, el Manel. Jo me l'estimava molt, però no tenia el caràcter adequat. L'àvia Núria es pot dir que tenia mal caràcter, i a mi em semblava que no me l'estimava tant com a l'avi, però quan va morir em vaig quedar traumatitzat. Era la primera vegada que vivia una mort a la família, i no vaig voler veure el cos. Era molt jove, acabava de complir disset anys, i em va semblar que no podria aguantar-ho. Però després me'n vaig penedir, i em vaig prometre que no deixaria de veure mai cap mort. El dia que el vam enterrar era Nadal i feia molt de fred. Havia nevat molt, hi havia un metre de neu, i el trasllat del cos al cementiri va ser molt complicat. Just va morir el dia de Sant Esteve, a setanta-cinc anys, tres mesos després de la riuada.

Un avantpassat il·lustre: Don Pedro Turull i Sallent

Ja fa bastants anys, la senyora Herminia Dauer Cirlot em va fer arribar tot de documentació —un article del diari *La Vanguardia* del 1932, i un altre de *La Ilustración Sabadellense* del 1884—, on es relatava la vida d'un possible avantpassat nostre: l'industrial sabadellenc Pedro Turull Sallent. Hi vaig descobrir que la família Turull és de les més antigues de Sabadell, i que consta als arxius municipals des del 1596. Era una de les més opulentes de la comarca, i comptava amb finques rústiques i cases més urbanes. Però, lluny de quedar-se sense fer res, els Turull sempre van ser inquiets, i es van dedicar a la indústria i a l'exportació. Consta que, a finals del segle XVIII, exportaven teixits a gran escala a Buenos Aires, Xile i Perú. Pedro Turull i Sallent va néixer el 16 d'octubre del 1796 a Sabadell. Després d'estudiar, va posar-se al capdavant de la fàbrica familiar i la va fer créixer. Va decidir oferir crèdit a les altres famílies de Sabadell menys poderoses i més endeutades amb industrials de Barcelona, i això va fer prosperar tota la ciutat. Es va casar primer amb Teresa Salas Vila, l'any 1821, de qui va enviudar aviat i sense descendència, i després amb Maria Comadran Martínez, amb qui va tenir com a mínim un fill que s'hagi pogut documentar, Pedro Turull Comadran.

Don Pedro Turull Sallent.

Pedro Turull Sallent va ser qui va fer la inversió necessària per edificar el Vapor de la Creueta, un gran edifici-fàbrica ja de vapor, la gran innovació de l'època. Va arribar a ser alcalde de Sabadell, i va mostrar una gran valentia durant una epidèmia de còlera que va assolar la població. L'any 1860, la reina Isabel II, acompanyada de la família, va visitar Sabadell i es va allotjar a la casa pairal de la família Turull —que aleshores era al carrer de Santo Domingo i avui és el carrer Doctor Puig—, un edifici de dos pisos aixecat el 1819, una joia carregada de pintures, cortinatges, canelobres i làmpades d'aranya típicament vuitcentistes.

> La reina Isabel II, agraïda, va oferir a l'industrial un títol de Castella, però Pedro Turull el va rebutjar i va demanar a canvi que la ciutat de Sabadell rebés el títol de Molt Il·lustre.

La reina Isabel II, agraïda, va oferir a l'industrial un títol de Castella, però Pedro Turull el va rebutjar i va demanar a canvi que la ciutat de Sabadell rebés el títol de Molt Il·lustre, cosa que la Reina va concedir sense dubtar-ho. Anys més tard, Turull va ser elegit diputat a les Corts. Va ser membre fundador de la Casa de Beneficència i de la Caixa d'Estalvis, de la qual va ser nomenat tresorer. Va morir el 4 d'abril del 1869. Uns quants anys més tard, l'Ajuntament va voler honrar-ne la memòria, i va donar el nom de Turull a un dels carrers del centre de Sabadell —carrer que encara existeix, i no gaire lluny de la Rambla. Fixeu-vos que ja era molt treballador i molt modest, i algú que vetllava pels altres, i per això crec que era un avantpassat nostre sens dubte.

La casa de Santa Oliva, el nostre somni

Hi ha una història prèvia a la compra de Santa Oliva, i és que l'any 1974 vaig comprar una finca a Rocafort. Era preciosa, plena d'arcs gòtics, i amb unes bones reformes hauria quedat de meravella. Però era una casa enmig del bosc, molt aïllada, i no li va agradar a ningú de la família. Com que sóc decidit, la vaig vendre de seguida, i potser amb la venda vaig perdre dues-centes cinquanta mil pessetes, que aleshores eren molts diners, però amb el que me'n va quedar, uns set milions, encara vaig poder comprar, tota de cop, Santa Oliva, a prop del Vendrell, l'any 1976. Llavors jo tenia uns trenta-i-pocs anys, i era molt ingenu. Tant, que recordo que vaig arribar al notari de Vilafranca amb un taló sense conformar. I el propietari que em venia la finca em va dir: «On va amb això?». Vaig haver d'anar al banc, i des d'allà van trucar al banc de Terrassa, que els va confirmar que podien conformar el taló. Jo no en tenia ni idea, d'aquestes coses.

La casa no tenia res a veure amb com vosaltres l'heu coneguda! Al principi, gairebé no hi havia ni lavabos, i a mesura que anàvem tenint diners, hi anàvem fent reformes. Ara un lavabo, ara la calefacció, més endavant una piscina...

La casa de Santa Oliva.

Diferents racons de la casa de Santa Oliva, on han tingut lloc tantes celebracions de família i amics.

Sempre consideraré Santa Oliva com el nostre refugi, el nostre niu. Per a tots vosaltres i per als amics, els meus i els vostres. He arribat a tenir vint-i-cinc persones a dormir! Perquè en gaudeixo. També dóna feina, és clar. Jardineria —que a mi m'agrada molt— i moltes coses més —ja ho sabeu—, però si no l'hagués tingut, no sé què hauria fet. Les satisfaccions que m'ha donat són molt més grosses que la feina que hi he hagut de fer. A Santa Oliva s'hi van casar la vostra mare i el vostre oncle, hi vam celebrar el vint-i-cinquè aniversari de casats amb la vostra àvia, a més de festes d'amics que ens van demanar de fer-les allà. I podríeu dir-me que hauria pogut anar a un hotel cada setmana, que m'hauria sortit més bé de preu, però no hauria gaudit d'un lloc que és meu. A més, necessito el contacte amb la natura, m'agrada anar a buscar bolets, tenir gossos. Els gossos són animals molt nobles i fidels. Fan molta companyia. Ara, res de ficar-los als peus del llit. Feu el favor, Pep i Carles, de no fer aquestes modernitats! Un gos és un gos, i tot i que li poseu un lloc a l'hivern on pugui refugiar-se del fred, no cal que el deixeu entrar a l'habitació! I s'ha de ser conscient que també són una despesa: menjar, vacunes... Se'ls ha de tractar bé. Jo sempre n'he tingut, però, des que em vaig casar.

El pastisser

ELS meus pares van inaugurar la pastisseria l'any 1963 on encara la tenim ara, a la carretera de Rellinars, número 50. Des que ens la van deixar a la vostra àvia i a mi, l'any 1969, vam tenir clar que seria cosa de dos. Sense ella, res de tot el que ha passat hauria estat possible. Sense el seu suport, la seva capacitat de treball, la seva habilitat per captar les necessitats dels clients o la seva gràcia com a botiguera, la pastisseria no seria el que és ara, d'això n'estic del tot convençut.

El mossèn Miquel Bonet inaugura la pastisseria Turull l'any 1963, sota l'atenta mirada de Joan Turull pare i Joan Turull fill.

Targeta d'inauguració de la pastisseria l'any 1963.

La botiga i l'obrador: dues potes d'una mateixa taula

Vam dividir el negoci en dues parts: una —l'obrador— per
a mi, i l'altra —la botiga— per a ella. Es podria dir que jo
era la fabricació i ella la comercialització, i ja se sap que cap
de les dues bandes pot fallar, perquè si la part comercial no

sap vendre, no sap col·locar les coses de manera que facin goig o no percep les necessitats dels clients, la batalla està perduda. També és molt important que ningú no es posi en el terreny de l'altre, que no hi hagi batusses, malgrat que tard o d'hora sempre n'hi hagi, és clar. Ella de seguida va agafar molt de protagonisme: és una persona que es fa estimar, ja ho sabeu, i la clientela dels meus pares la va rebre amb els braços oberts. Va saber treballar i portar la botiga. De fet, quan la vam reformar, el 1980, ho vam fer tot tal com ella volia, res de decoradors o arquitectes. Us diré el seu secret: saber escoltar els clients. I després, explicar-me el que li demanaven per anar-me forçant, a poc a poc, a fer coses noves. Jo m'hi resistia una mica, teníem discussions, però al final acceptava. Això és important en qualsevol tipus de negoci: si la fàbrica no escolta el comercial, o la botiga, aviat no sap què vol la gent del carrer. Si un comerciant de samarretes veu que la gent les vol amb una ratlla al mig, i la fàbrica no li fa cas i no les fabrica, aviat no vendrà ni una de les que té. Jo, que gairebé no sortia de l'obrador, estava obligat a escoltar la vostra àvia, que era els meus ulls i les meves orelles. Crec que podreu fer el mateix, vosaltres, des de l'obrador, amb la vostra mare, que s'estarà a la botiga. Una altra bona combinació, em sembla a mi.

El millor estalvi: invertir

Els primers anys no estalviava: tot el que guanyava ho tornava a invertir. Ho feia després de pagar el que es devia, perquè això era sagrat. De fet, aquest és un dels secrets de portar un negoci, o un comerç, que és com m'agrada més dir-ne. Les persones com nosaltres, que som autònoms i que tenim nou o deu treballadors a càrrec nostre, no tenim una empresa, i encara menys una indústria: d'això sempre se n'havia dit *un comerç*. El secret, doncs, d'un comerç és a la caixa: primer s'han de pagar els treballadors, després els proveïdors i només després d'haver fet les dues coses, el que sobri pot ser per a tu. El que ha arruïnat molts petits comerços ha estat fer servir tot el que hi havia a la caixa sense pagar abans les despeses fixes.

> " El secret, doncs, d'un comerç és a la caixa: primer s'han de pagar els treballadors, després els proveïdors i només després d'haver fet les dues coses, el que sobri pot ser per a tu. "

Pel que fa a les inversions, doncs, jo sempre he invertit molt en el material, ja ho sabeu. Els electrodomèstics, les màquines, sempre els he volgut tenir de l'última generació. Les més modernes i les més bones, encara que fossin cares, perquè, al cap dels anys, si revises la quantitat de vegades que s'han espatllat —com la nevera Koma, que ho ha fet dues vegades en trenta anys—, és claríssim que n'has amortitzat el cost, i de sobres. En canvi, recordo que la primera laminadora que vaig comprar no va ser la millor del mercat, i al cap de quinze anys ja s'havia fet malbé. Llavors vaig escarmentar i vaig comprar la Rondo, que era la que hauria hagut de comprar en primer lloc. El fet d'apostar per la qualitat, fins i tot en temps de crisi com els d'ara, és clau. Evidentment, sempre hi haurà gent que farà productes barats, però jo també volia fer-me un nom

*Façana de la pastisseria Turull.
A dalt, amb el primer rètol, del 1964.
A baix, amb el segon, del 1965.*

per la qualitat del producte que elaborava, i això només s'aconsegueix apostant-t'hi. I amb un bon servei, és clar.

El bon servei

L'atenció al client és importantíssima i ha canviat amb el temps, com tot. Això potser us farà riure, però avui és difícil trobar un dependent que sàpiga saludar els clients que entren i demanar-los què desitgen sense atabalar-los. Les persones que ja saben què volen ho demanen soles, però també hi ha clients que van més perduts, i a aquests se'ls ha d'ajudar i mirar d'oferir-los el que necessiten. S'ha d'estar al cas de tot. No pot passar que la dependenta estigui embolicant un paquet —i embolicar i lligar el cordill ben

El mostrador acabat d'estrenar (1963).

fort és importantíssim, perquè les coses després no vagin de gairell!— i no s'adoni que ha entrat una altra clienta que s'està mirant la vitrina fa estona sense que ningú no li hagi dit res. Aquesta clienta se sentirà desatesa i potser no marxarà, però no estarà tan a gust com podria estar. Tampoc cal passar-se i, al contrari, preguntar massa cops si volen alguna cosa més. La gràcia és trobar el punt just, com ha fet sempre la vostra àvia, i com també ho sap fer, perfectament, la vostra mare.

Hi ha un detall de la pastisseria que il·lustra molt bé el pas del temps: les portes. Recordo que vaig fer posar aquestes d'obertura automàtica quan, cap als anys noranta, em vaig adonar que a la immensa majoria de la gent els incomodava que el dependent els obrís la porta per ajudar-los a sortir. Ho trobaven massa servil! I això que s'havia fet tota la vida. Però és l'esperit dels temps, i cal estar sempre de la banda del client. Vés a saber quina mena de portes us pot tocar posar a vosaltres...

L'únic secret

Pep i Carles, sento haver-vos de dir que no hi ha trucs. L'únic i autèntic secret de l'èxit sempre ha estat treballar. Treballar molt, com animals. Dotze, catorze hores al dia. Recordo, per exemple, els Caps d'Any. El dia 31 treballàvem fins a les deu de la nit. En acabar, agafàvem el cotxe, els nanos, i baixàvem a Santa Oliva per passar-hi la nit amb la família i un grup gros d'amics. Havien arribat a dormir-hi vint-i-cinc persones, allà. Sopàvem, fèiem les campanades, i llavors, cap a les dues de la matinada, deixàvem la vostra mare i el vostre oncle —que eren nens— dormint allà amb els avis, agafàvem el cotxe amb l'àvia Juanita i cap a Terrassa que hi falta gent. Arribàvem a casa i jo ni passava pel llit. Me n'anava directe cap a l'obrador a preparar pastissos per a l'endemà, que hi havia molta demanda. Li deia a l'àvia que dormís tres hores perquè no fes tanta cara de cansada davant dels clients, però a les sis l'aixecava i ens posàvem a treballar fins al migdia. I així, treballant, i de cap altra manera, és com hem aconseguit el que tenim. De cap altra manera.

> "L'únic i autèntic secret de l'èxit sempre ha estat treballar. Treballar molt."

Objectius i valors

Dels primers anys, el que recordo amb més intensitat és que tenia un objectiu, un objectiu claríssim: ser un dels cinc millors pastissers de Terrassa. En aquell temps hi havia entre quaranta i cinquanta pastisseries a la ciutat, algunes de les quals eren molt reconegudes, o sigui que l'objectiu era ambiciós. Per construir aquest obrador, que ja coneixeu tan bé, vaig fer tapar un pati de dos-cents metres quadrats: encara avui és un dels obradors més grans de Catalunya. Vam començar a fer-hi pastissos l'any 1970. Els anys setanta i els vuitanta van ser bons temps per a la pastisseria, el negoci era rendible. També ho era perquè nosaltres érem molt joves i treballàvem

Paper per embolicar els productes de la pastisseria (1963).

molt: cadascú potser feia la feina de dues persones o més. Ens havíem arribat a aixecar del llit a les onze de la nit per baixar a la botiga a servir una capsa de bombons. Fèiem el que fes falta.

Des del primer dia, per a mi el negoci ha estat una cosa obsessiva. Dic el negoci, i no els diners, perquè per a mi són dues coses diferents. La meva obsessió —i això alguns amics no ho han entès, i tampoc voldria que vosaltres, Pep i Carles, també us confonguéssiu— ha estat sempre el servei al client, i no pas acumular diners. Recordo que, quan era jove, pels volts de Nadal, els amics em convidaven a sopar, i quan sempre els contestava que m'era impossible, s'enfadaven amb mi perquè es pensaven que només volia omplir la caixa. Però no era això. El que passava és que em treia el son el fet de pensar que alguna clienta podia no tenir a casa la comanda que m'havia fet: ja fos una ampolla de conyac, de whisky o una panera plena d'ampolles de cava. I els ho portava jo mateix a casa, als vespres, a més a més de deixar preparada la feina de l'endemà. Els diners, Pep i Carles, tot i que són necessaris per a cinquanta mil coses, no són essencials, o ho són només per a una cosa: per a quan s'està malalt. Perquè la salut és l'única cosa que puc dir que he tingut sempre i que ha estat la meva gran sort. Tota la resta, m'ho he treballat jo, i qui digui que treballar quinze o setze hores diàries és estar de sort, no sap el que es diu. Tenir salut sí que ho és.

Mai no vaig tenir la sensació que el negoci anava a tota vela. Sempre patia. Això va a caràcters, és clar, però us ho explico perquè us prepareu, Pep i Carles. És cert que era conscient que anava a bon ritme, però només perquè treballava com un animal. Estava convençut que, si ho deixava de fer, la cosa s'enfonsaria. I hi ha una altra cosa: amb els anys m'he adonat que aquesta actitud de sacrifici i d'esforç diari també va ser un exemple per als nostres fills, i que per això han sortit treballadors i complidors, com la vostra mare. Si ens haguéssim dedicat a viure com si fóssim de la faràndula, potser ens haurien imitat de la mateixa manera en què nosaltres vam copiar l'austeritat dels nostres pares durant els anys de la postguerra: per sopar, mongetes, cigrons, quatre patates o, a tot estirar, una truita o un tall de botifarra. I tampoc no hi havia televisió ni res que s'hi assemblés, encara que us pugui semblar impossible. El que vull dir és que, si a casa no ens donaven més coses, era perquè no n'hi havia, ni més ni menys. Perquè a casa sempre procures donar el màxim als fills, com ho he fet jo, i com segur que també ho fareu vosaltres quan us arribi el moment.

Coses noves, coses noves! La innovació com a lema

Dues persones soles no porten una pastisseria. Per això, el primer i més important va ser configurar un bon equip. Jo sempre he estat molt individualista: no sóc persona de tenir socis. Potser és un defecte, però sóc així, i no crec que uns estudis en una escola de negocis m'haguessin fet canviar. Quan vam arrencar, érem quatre o cinc persones. No vaig trobar operaris amb qui m'entengués de debò ni un bon encarregat fins al cap d'una bona temporada, el Salvador Jurado, perquè sempre he estat molt exigent i perquè mai no ha estat fàcil trobar gent oberta als canvis. Això dels canvis sembla que sigui una cosa moderna, però, tant

> No tolerava ni un sol error: si un pastís —un de sol— o tot un carro no eren prou bons, els estampava contra la paret i tornava a començar.

abans com ara, costa que els qui treballen amb tu vulguin innovar permanentment. Aquesta era la meva divisa i ha de ser sempre la vostra: trobar coses noves cada dia, inventar. Els aprenents que venien a treballar amb mi n'aprenien tant, que aviat es convertien en operaris i s'establien pel seu compte. Dels que van treballar amb mi, com a mínim, se'n van establir quatre. Potser era dur amb ells, però també ho era amb mi mateix. No tolerava ni un sol error: si un pastís —un de sol— o tot un carro no eren prou bons, els estampava contra la paret i tornava a començar. Potser era l'ímpetu de la joventut, però sempre he cregut que la meva autoexigència, que sempre ha estat molt alta, repercuteix en el client. Si un producte és

La pastisseria, després de la reforma dels anys vuitanta.

bo, és bo, i si és dolent, és dolent. No crec en allò de «bé, potser podria passar», perquè aleshores és quan comences a enganyar-te a tu mateix i al client, qui, tan aviat com trobi una mantega aigualida o una xocolata poc espessa, no tornarà a confiar en tu.

Un bon exemple és el dels pastissos salats. Ara els fa tothom, però jo vaig ser el primer que en va oferir a Terrassa. No en sóc exactament l'inventor —perquè jo vaig aprendre a fer-los en una classe del Josep Maria Vilella (DEP), que ens va fer un pastís de tonyina—, però vaig ser el primer que va provar de fer-los de gambes, de formatge i de moltes coses més, i qui els va posar a la venda. Sé que tinc, com a mínim, part del mèrit, i n'estic molt orgullós. Estic segur que, de la mateixa manera que jo em vaig empescar això, vosaltres us n'inventareu d'altres.

Aquesta obligació d'inventar contínuament també portava problemes, és clar: els altres pastissers m'imitaven. Una vegada em vaig queixar al meu antic mestre, el Jaume Sàbat, perquè trobava que m'havien copiat uns pastissos que m'havien costat molt de fer, i la seva resposta em va deixar parat. Em va dir que donés gràcies a Déu pel fet que em copiessin, perquè això em donaria força per crear més coses noves. Quin un, no? La veritat, però, era que ell s'havia fet famós a força de treure coses noves contínuament, cada dos o tres mesos. I li vaig fer cas. Avui, amb la crisi tan forta que travessem, és més difícil veure els resultats de la innovació, o de l'*I+D,* com se'n diu ara. Sé que tant vosaltres com la vostra mare continueu buscant coses noves. També sé, però, que us costa més vendre-les i que això no us anima, però no heu de deixar d'inventar mai.

Un invent que va fer fortuna: els productes per a celíacs, any 1974

La història dels productes per a celíacs és llarga. L'origen rau en la petició d'una clienta a qui l'àvia Juanita va saber escoltar. La dona necessitava ajuda perquè tenia una filla d'uns cinc o sis anys que no podia menjar res amb gluten. Aleshores tot això de la celiaquia era completament desconegut, fins i tot per alguns metges. L'àvia Juanita em va convèncer que havíem de fer alguna cosa per la nostra clienta, i vaig començar a fer melindros amb farina de blat de moro. N'hi feia unes quantes bossetes, les congelava, i la dona venia a comprar-ne quan li feien falta. Vaig aprendre a fer pa, també, cada vegada millor. Recordo que el primer que vaig fer va sortir del forn amb una forma grotesca! Però, a poc a poc, em vaig anar especialitzant. Com que tenia ganes de saber-ne més, vaig anar a l'hospital de la Vall d'Hebron, a veure el doctor Ramon Tormo —que era el cap de nutrició pediàtrica— perquè m'orientés una mica, i em va explicar coses com, per exemple, que la civada també porta gluten, i així vaig anar entenent tota la història de la celiaquia. Vaig començar a fer torrons sense gluten —de fet, no cal que duguin farina, els torrons—,

La importància de les llistes

Sempre m'ha agradat posar-ho tot per escrit. Ho tinc tot, absolutament tot, recollit. Tota la feina que he fet, al llarg de la meva vida, està escrita en llistes. Les llistes de vendes o d'encàrrecs serveixen per a tot: per fer previsions i per deduir què està canviant en els hàbits de la clientela. Ara fa poc estava mirant els encàrrecs de fa just un any, i el mateix diumenge de l'any passat la mateixa clienta havia demanat el mateix d'aquest any: tres cuixetes de pollastre. Això és interessant! Abans de fer la llista de cada dia, miro la que vaig fer l'any passat, i això em serveix de guia. M'encanten les llistes! I us recomano que vosaltres també en feu, Pep i Carles, encara que ja no siguin en paper. Feu-les a l'ordinador, si cal, però feu-les.

i de mica en mica van anar venint més clientes amb el mateix problema, i vam anar ampliant la nostra oferta de productes sense gluten. Fins que se'n van assabentar els de la casa Dietisa i ens van oferir distribuir-nos el producte per tot Espanya. L'oferta que em va fer el propietari, que era fill del famós doctor Puigvert, era un xec en blanc: volien que

> Sempre s'ha de saber mesurar bé fins on podem arribar, i no voler fer més.

aixequés i em fes càrrec de tota una fàbrica a Mollet. Aquí vaig tenir un dilema, nois. M'ho vaig rumiar, i vaig pensar en com era jo: no he estat mai una persona de treballar a la indústria ni de discutir-me per unes dècimes d'euro. I vaig valorar més la meva llibertat o la possibilitat de tancar la botiga un dia qualsevol perquè tinc un casament, o perquè l'àvia s'ha posat malalta i l'he d'acompanyar al metge, o el que sigui. Vaig valorar la meva llibertat per sobre dels diners que m'oferien, que potser haurien estat molts, però que probablement no m'haurien fet feliç. Tampoc els vaig tancar la porta del tot: vaig dir-los que els serviria el producte, però que el manufacturaríem a l'obrador, perquè ells el distribuïssin on volguessin. Ai, quina idea que vaig tenir! Van ser cinc anys de treballar com un animal. A les set del vespre, quan havia acabat la feina normal de la pastisseria, em posava a envasar tots els productes per a ells. El camió arribava a les set del matí a buscar dues-centes capses cada dia, i jo dormia quatre o cinc hores diàries. Fins que el cos em va dir prou, vaig tenir un atac d'estrès i, tot i que els ingressos eren molt importants, vam deixar de fer-ho. Potser, si ens haguéssim industrialitzat, ens n'hauríem sortit, però fer-ho a mà era impossible. I penseu que vam arribar a fer dotze referències diferents de producte, que és bastant. Però el cos és més savi que la ment, i en aquest cas vaig voler fer una cosa que era massa per a les meves capacitats. Sempre s'ha de saber mesurar bé fins on podem arribar, i no voler fer més.

Uns quants anys més tard, el meu fill Joan —el vostre oncle— va tenir la pensada de dedicar-se a la venda d'aquesta mena de productes. Va obrir la fàbrica Proceli de productes per a celíacs, i des d'aleshores que no ha parat. És una empresa molt grossa i ell la porta molt bé perquè és un negociador nat. Jo no hauria sabut fer-ho com ell, no tinc aquest esperit. Ara que hi ha tanta crisi, algun cop ens hem assegut a mirar números i li he demanat consell. Els punts de vista són diferents, però en certa manera això m'ajuda. Ara, després faig el que vull. A vegades ell també em demana l'opinió sobre alguna cosa que vol tirar endavant, com ara fer una fàbrica nova. Sempre li dic que si l'ha de fer, que la faci. Jo no m'havia espantat mai quan era jove, i ell tampoc no ho ha de fer. Si es triguen trenta anys a pagar-la, doncs es triguen trenta anys. Una altra cosa seria que em plantegés que la vol vendre. En aquest cas li diria que no ho fes, perquè no val la pena. Si la vengués, hauria de comprar o engegar una altra cosa. Per què fer-ho, doncs, si ja en té una en marxa? Val més que no s'hi trenqui el cap i que continuï pencant, que algun dia aquesta crisi també s'acabarà. D'altra banda, també estic convençut que no s'ha d'envoltar de gent de la família, o de grans amics per treballar, perquè ell té una indústria, una empresa on hi ha un cap de personal, un de vendes, un de qualitat... Hi ha una jerarquia i no és bo barrejar-hi la família. Enteneu el que vull dir, nois?

El més sorprenent de tot és que encara avui alguna persona truca i diu: «Perdoni, que fan pastissos sense gluten?». Em vénen ganes de contestar-li: «Fa quaranta anys que en fem, escolti, quaranta anys!». Però bé, la gent no té l'obligació de saber-ho.

El cotxe incendiat

Us n'explicaré una de bona, nois. Des de ben jove he estat un gran treballador, molt més que la resta de la colla d'amics. Un dissabte de fa cinquanta anys, van venir tots a buscar-me a l'obrador del Sàbat per treure'm a passejar i anar de festa. Jo ja començava a sentir-me responsable, i m'hi vaig negar. Però es van posar molt pesats: «Va, vinga, que sortirem!». I jo, tossut, contestava: «No, que demà és Sant no sé què, i hem de treballar molt». Me'n vaig atipar tant, que els vaig dir: «Que no sabeu què fotre, o què? Mireu, davant de casa de la meva xicota hi ha un cotxe abandonat. Per què no aneu a calar-li foc?». I els molt animals ho van fer. Em van prendre al peu de la lletra i van cremar el cotxe! Se'ls van endur al calabós i tot, i malgrat que no vaig dir res, vaig tenir clar que qui els havia incitat a fer-ho era jo. Era una gamberrada de joventut, una idea que se'ls va escapar de les mans. No vaig tornar a dir mai més una cosa així, és clar, però tampoc no em vaig aficionar a sortir amb ells. Simplement, m'agradava més quedar-me a l'obrador fent pastissos.

Tres crisis

No us penseu que aquesta crisi d'ara és la primera que visc. Potser és la més forta, però n'hi va haver com a mínim un parell més. La primera crisi forta que recordo va ser la del tèxtil a Terrassa, entre el 1975 i el 1980: només a la nostra ciutat van arribar a tancar quatre-centes fàbriques. Els fabricants no tenien ni un ral i s'havien de reconvertir, però aleshores la gent no estava hipotecada, podia continuar consumint, i les nostres vendes no ho van notar tant com ara. El mateix es podria dir de la «regulació de personal», que en aquells temps es feia de manera inconscient. Quan arribàvem a tenir deu o dotze treballadors, m'adonava que ingressava menys, o em semblava que baixava la feina. Llavors, de sobte, n'hi havia un o dos que marxaven —una cosa que passava més sovint que ara—, perquè trobaven altres feines o pel motiu que fos, i em tornava a semblar que la cosa pujava. Sense adonar-me, havia fet una reducció de personal. Potser un mateix tipus d'inconsciència és el que em va dur, el 1976, a començar les obres del pis que hi ha sobre la pastisseria. El meu pare, esparverat, em deia que era boig, que eren temps molt incerts, que hi havia revoltes al carrer i que tot podia acabar en una nova guerra civil. Però jo veia que necessitava el pis, i com continuava convençut que tot el que es guanya s'ha d'invertir, m'hi vaig posar de ple. Al final, no va haver-hi cap guerra, per sort, i la teva àvia i jo, a partir del 1980 o el 1981, vam tenir un lloc on viure que no podia estar més a prop de la pastisseria. Constructors i fusters, tant del pis com de la botiga, entenien que ningú no tenia tants diners de cop, i facilitaven que els paguessis a terminis. «Doncs m'ho vas pagant a poc a poc» era una frase habitual. La meva dona sempre em preguntava: «I quan deixarem de deure diners?», i jo, per dintre, pensava que mai no arribaria aquell moment. Però deure diners no és tan greu: l'important és poder-los pagar de mica en mica.

La crisi que recordo més forta va ser la de després del 1992. Va durar vuit anys. Les caixes que s'havien fet fins al 1992 no es van tornar a veure fins al 2000! El que passa és que cap a la meitat d'aquest període, cap al 1995, les coses es van començar a estabilitzar. S'havia tocat fons, i només calia esperar que tot tornés a remuntar. No com ara, que sembla que el pou mai no s'acaba. És curiós perquè, a mi, la crisi del 1992 em va coincidir amb un canvi important: va ser just quan vam obrir una nova botiga a mitges amb el meu germà Manel, allà a la plaça Vella.

La crisi actual és la més forta que he vist mai, i no sembla tocar fons, això és el més greu. Més que una crisi, ho veig com un canvi d'hàbits radical. Ara per ara, no sabem ni quines celebracions sobreviuran! La gent no té diners ni per comprar quatre torrons o panellets. Potser acabarem fent més Halloween que no pas castanyada —no només per un motiu cultural, sinó també per un motiu econòmic— i per a mi això seria un desastre, perquè és com renegar una tradició mil·lenària.

La millor època: els anys vuitanta

Els vuitanta van ser anys de treballar molt i de guanyar-se bé la vida, però res no era fàcil, no us confoneu. La vostra àvia i jo vam reformar la botiga i potser aquest canvi va marcar l'inici de la nostra millor època. Recordo que el meu pare em deia: «Has fet una botiga de passeig de Gràcia», referint-se al bon aspecte que tenia, i jo crec que també a l'ambició que hi havia posat. A més, contrastava molt amb el carrer on érem —i on encara som—, la carretera de Rellinars, que no era un exemple de luxe, ni de bon tros. No paràvem de pencar, d'anar a fires i a concursos pel món. Potser va ser l'època en què vaig fer més coses. Aquells anys van passar com una exhalació, perquè

Els avis Joan Turull Queralt i Teresa Estatuet Antiga, amb els néts Joan i Aniana en un escenari familiar, la pastisseria (1980).

les coses bones acostumen a passar sempre molt de pressa. Els fills es feien grans en un tres i no res, i jo sempre era a l'obrador. M'hi vaig deixar mitja salut, allà, com tots els pastissers: no he vist ningú a qui li anés bé el negoci i que no s'hi deixés la pell.

Més botigues

A mitjan els anys vuitanta —vosaltres no havíeu ni nascut— vaig obrir una gelateria al Vendrell amb una germana de l'àvia. De seguida, però, me'n vaig desvincular, perquè vaig veure que el meu excunyat tenia molt poques ganes de treballar. Vaig perdre deu milions de les antigues pessetes, però ho tornaria a fer, perquè prefereixo perdre diners —amb allò m'hauria pogut comprar dos pisos, potser— que renyir amb la família, i també perquè no sé enfrontar-me amb la gent.

L'any 1993, vam obrir la segona pastisseria amb el meu germà. Fins llavors, ell s'havia ocupat del forn del pare, el que és a cent metres d'aquí, però vam pensar que seria bo obrir una segona botiga. Al cap de cinc anys, però, vam veure que les diferències que teníem —que eren concretes, de sistema de treball— feien necessari que se n'ocupés només un dels dos. Se la va quedar ell, i encara li funciona. Així doncs, ens ha anat bé a tots dos, cadascú fent les coses al seu aire. Si heu de fer coses junts, o amb els cosins, penseu en això que us explico.

El 2009, i d'això sí que us en recordareu perfectament, vam obrir una tercera botiga, al carrer Gutemberg, sobretot per donar feina a tots els treballadors que teníem. Crec que posar-la allà va ser una bona decisió, tot i que encara estem pagant un préstec que vam haver de demanar per obrir-la. Les coses costen més, avui, en el context de crisi. S'ha de tenir paciència.

El futur

No pateixo tant per mi com ho faig per vosaltres, els qui deixo darrere; és angoixant pensar quin futur us espera. Ho teniu fotut. Us heu de poder equivocar, però també heu de demostrar als qui encara estem a dalt que sou capaços de tirar endavant el negoci, i això és difícil, perquè nosal-

Aparador de la pastisseria amb una reproducció de xocolata dels personatges televisius de «La familia Telerín»: «El meu aparador és el meu diari».

tres som molt durs. Com puc estar segur que els qui veniu després de mi us en sortireu? No ho puc saber del cert, hi he de confiar. Jo també li reclamava al meu pare el dret d'equivocar-me, i continuo pensant que les equivocacions són necessàries. Només cal que no siguin massa grosses i de mal desfer. Si es poden assumir, si només es tracta de retirar un producte que s'ha comprat però no es ven gens, doncs es retira i prou, no se n'ha de fer un gra massa. Ara, si l'equivocació és més grossa, costa més de solventar.

A més, ara no convivim dues, sinó tres generacions —la meva, la de la vostra mare i la vostra—, i això encara és més complicat. Jo veig molts més problemes que no pas vosaltres, però això també és perquè vosaltres teniu més temps que jo per sortir-vos-en. Estic segur que sé com serà la pastisseria d'aquí a vint anys. No com m'agradaria que fos, sinó com serà. I estarà completament canviada, perquè això és llei de vida. Aquella manera de treballar i de sacrificar-se, de perdre el temps que hauries pogut passar amb la família, ja no tornarà, ja no es treballarà mai més així. Crec que, tant vosaltres com la vostra mare, ho portareu d'una altra manera, amb més qualitat de vida. Aquest és un concepte, el de la qualitat de vida, en què la nostra generació no hi pensava. Nosaltres només pensàvem a treballar i prou. Avui, en canvi, qualsevol persona prefereix tenir un dia de festa que no pas treballar i cobrar una mica més. Els temps

Targeta de la pastisseria (anys setanta).

han canviat. No crec que ni jo ni l'àvia Juanita estiguem preparats per afrontar aquests canvis, perquè seran massa dràstics. Aquí i a tot arreu. Heu de ser els més joves qui els feu, perquè nosaltres ja estem cansats, i tenim massa hàbits agafats. Ara, saber si l'encertareu o no és el que no em deixa aclucar l'ull. He de reconèixer que la vostra mare ha fet una sèrie de canvis molt radicals a la botiga, que eren unes decisions molt difícils de prendre amb el context actual, i que els ha fet molt bé. Així doncs, no em queixo.

Pel que fa al futur de la pastisseria com a activitat, crec que es continuarà consumint l'alta pastisseria, però que la resta anirà a parar a les grans superfícies. Si l'Aniana té això clar —que ho té—, i continua treballant amb bona matèria primera, crec que se'n sortirà. Potser no us guanyareu la vida tan bé com ens l'hem guanyada nosaltres —perquè els marges de beneficis seran més petits i els escandalls més ajustats—, però la cosa hauria de funcionar. Quan? Això encara no ho sabem, perquè no sabem si hem tocat fons o no. L'opció d'haver de tancar la contemplo com un fracàs, és clar, i me'n faria culpable, n'estic segur. Em donaria les culpes de no haver estat capaç de fer fora més gent a temps, que és una cosa que em costa molt de fer perquè són persones que conec de tota la vida. Reconec que en això sóc poc empresarial: a mi sempre m'havia agradat pagar molt bé i manar fort, però ara ja no es pot pagar bé, i aleshores... Què s'ha de fer?

Quan m'hagi jubilat oficialment, espero no ser el típic vell que baixa cada dos per tres a la botiga a controlar-vos. Això ho han fet sempre tots els vells. Però nosaltres, la vostra àvia i jo, estem intentant evitar-ho, i per això us anem deixant el negoci de mica en mica. De moment, ella encara no s'ha jubilat i ajuda molt a la botiga, encara que això també provoqui alguns petits conflictes amb la vostra mare, l'Aniana. Però jo, en canvi, sempre vull complir massa, em preocupo massa. Quan vegi que això de la crisi ja està una mica més estabilitzat —no sé ben bé quan, però espero que aviat—, us deixaré el camí lliure, a vosaltres i a la vostra mare, com ha de ser.

L'home públic: de portes enfora

AH, però vostè és pastisser?», em pregunten molts periodistes. Tants anys com a president del Gremi de Pastissers de Barcelona han fet que em vegin més com a soci-polític que no pas com a un home de l'ofici. Però és impossible entrar en un gremi si no s'és un professional, no?

Un primer experiment: l'aventura del Pastís Grup (1970-1990)

El Pastís Grup va néixer l'any 1970 i va ser idea de tres pastissers: en Josep Maria Vilella, en Miquel Comas i en Pere Icart. Vaig estar molt orgullós que, de seguida, pensessin en mi: vaig ser el quart a entrar-hi. No va ser fins que vam ser nou pastissers amics que no vam engegar. En Josep Maria Vilella venia de Calella; en Comas i en Ramon Cabané, de Badalona; en Pere Icart, de Barcelona; en Jaume Blanch, de Vilanova i la Geltrú; en Rafael Tugues, de Lleida, i jo, de Terrassa. En dèiem G-9, del grup. Això va ser una idea d'en Vilella, que sempre posava noms a tot el que feia. Vam ser nou quan s'hi van afegir, una mica més tard, el meu gran amic Pepe Balcells que era d'Horta, en Josep Cardona, de Corbera de Llobregat, i en Romà Mas, de Barcelona.

Uns quants anys més tard, el 1984, vam fer-ho més oficial, i vam redactar estatuts i tot. Aleshores també s'hi van afegir en Bolet, en Fuster, en Muixí i en Vives —en Cabané i en Vilella ho havien deixat una mica abans. El primer president va ser en Vives, i el segon, en Balcells.

Ens reuníem un cop al mes a l'obrador d'un de nosaltres amb una sola obligació: portar un pastís o una idea nova. I ens hi passàvem hores treballant, des de les dues de la tarda fins a les nou del vespre. Allò sí que era compartir i aprendre. Vèiem nou o deu —perquè vam arribar a ser deu— coses noves cada mes. I, a més de les reunions, cada vegada que algú tenia un dubte, només havia d'agafar el telèfon i trucar a algun dels companys: «Com es feia allò?», «Coi, pim, pam», i el problema quedava resolt. En certa manera, col·laboràvem més entre nosaltres que els joves d'ara, que potser tenen un punt més d'egoisme. També és veritat que ara hi ha moltes més fórmules a l'abast de tothom, i que aleshores es mantenien més en secret, i s'havien d'aprendre dels col·legues de professió. Però hi ha una diferència més profunda, la intuïció col·lectiva, que va servir per fer-nos molt amics! No amb tots, és clar. Hi havia gent amb qui t'entenies més i gent amb qui menys. Uns quants de nosaltres, però, vam fer molta amistat. Fèiem sortides amb la família: a la neu, anàvem de vacances junts... I els nostres fills també han acabat fent-se amics, tot i que, quan s'han fet grans de debò —a partir dels quaranta si fa no fa—, s'han anat allunyant els uns dels altres perquè no porten les mateixes vides. Durant molt de temps, però, van créixer junts, i tots saben que, si mai tenen un problema, poden comptar amb els amics dels pares.

El grup va anar creixent. Vam fer unes plaques daurades amb el nom «Pastís Grup» per exhibir a les pastisseries i que tothom veiés que pertanyíem al grup. N'hi ha que encara la hi tenim, com jo. També vam adonar-nos que calia acotar el grup a un sol pastisser per ciutat, per no tenir polèmiques. No tothom hi aportava el mateix. Hi havia pastissers més i menys generosos, o més i menys esforçats, però fèiem pinya. Tanta, que el Gremi de Pastissers, presidit aleshores per en Baixas, va començar a mirar-nos amb recel, com si els féssim competència deslleial. Però nosaltres mai no vam

Amb les quatre barres poc dissimulades sota el dibuix de quatre espelmes, el logo del Pastís Grup, fundat l'any 1970, distingia els mestres pastissers que integraven el col·lectiu.

fer-hi res en contra, sinó el contrari, érem tots professors de l'Escola del Gremi. Quan ens trucava el director de l'escola —ja fos en Juvé o en Navarro— i ens deia: «Ei, que podries venir a donar una classe?», hi anàvem de seguida. Fins i tot recordo que en Comas i en Pere Icart havien estat membres de la junta del Gremi. Però no hi havia manera que deixessin de mirar-nos amb enveja. Fins i tot van arribar a prohibir que ens reuníssim! Però el Pastís Grup va continuar, i va durar vint anys, fins a l'any 1990.

Al principi, els qui vam passar al davant pel que fa a la gestió vam ser en Vilella i jo. Semblàvem parella, tot el dia

Davant del Monestir de Pedralbes (1985), de darrere a davant i d'esquerra a dreta: Pere Icart, Josep Maria Minguella, Joan Juvé, Xavier Gurrera, Miquel Comas, Pepe Balcells. Enric Rimblas, Rafael Tugues, Josep Cardona, Eduard Marcillas, Josep Fuertes, Joan Giné, Josep Vives, Lluís Moixí, Venanci Pallarès. Joan Mas, Albert Gironès, Joan Sans, Tomàs Ortega, Joan Turull, Lluis Santapau, Jaume Sàbat, Andreu Parellada, Antoni Escribà.

al telèfon: hora i mitja diària! En Vilella era un cas únic: tenia una força vital que ens arrossegava a tots, ens podia convèncer de fer qualsevol cosa. Es va inventar les vitel·les, per exemple, que imitaven una mica una gofra, i tots les hi compràvem malgrat ser conscients que no les vendríem mai. Però l'entusiasme que ell hi posava ho compensava tot. Van anar passant els anys, i alguns dels membres del grup van voler fer-se també d'un altre grup que es diu Relée Desserts, i aquí vam tenir alguns problemes, perquè hi havia gent, com ara el vostre avi, que pensava que no es podia estar als dos grups alhora, i gent que defensava el contrari. Relée Desserts és un segell francès que distingeix les pastisseries que tenen un alt nivell de qualitat, neteja i processos de treball. El que passa és que, a tot Espanya, només hi ha quatre o cinc pastisseries amb aquest segell i, de cara a la clientela, no marca realment la diferència. Si obtens la placa, tens dret a ser inclòs en un llibre que fan un cop l'any, però això, al capdavall, és com tenir un anunci en un diari —una altra cosa en què no he cregut mai. Pagar un anunci al diari val diners, i prefereixo gastar-los fent panellets que m'omplin l'aparador: el meu aparador és el meu diari.

És com el cas de les estrelles Michelin. Hi ha restaurants que s'han negat a ser a la llista, perquè no volen seguir les directrius que acompanyen una distinció com aquesta. Recordo que, fa molts anys, per exemple, pertànyer al Relée Desserts implicava obligatòriament fer tots els croissants de mantega, i aquí potser no hi estàvem tan acostumats. Ni tan sols ara, perquè encara hi ha gent que et demana croissants amb greix de porc. I no és veritat que el greix de porc vagi pitjor per al colesterol, perquè, al cap i a la fi, la quantitat de greix és la mateixa. Com les coses de la cuina francesa. Agafeu un quart de pollastre i poseu-lo a la cassola. Afegiu-hi una cullerada de llard, i tindrà un gust exquisit. Proveu d'afegir-hi una cullerada de mantega, i ja m'ho explicareu. En aquest sentit sí que sóc un gran patriota! La qüestió és que he voltat molt per França, he visitat pastisseries que són del Relée Desserts i d'altres que no, i no hi he vist tantes diferències: hi ha detalls o idees de pastissos que podria aprofitar tant dels uns com dels altres. Per a mi, no hi ha res que es pugui comparar al Pastís Grup i al seu esperit de camaraderia i d'amistat. Un esperit que només podia desembocar en una cosa: una proposta de junta directiva per al Gremi. Em ve a la memòria el president Baixas i m'adono que ell, això, ja ho havia previst al principi.

> « Per a mi, no hi ha res que es pugui comparar al Pastís Grup i al seu esperit de camaraderia i d'amistat. »

El Gremi de Pastissers de Barcelona, la meva universitat

Vosaltres, com sou els néts del president, heu sentit a parlar sempre del Gremi, però jo, la primera vegada que vaig sentir a parlar del Gremi de Pastissers va ser a can Sàbat. M'hi vaig estar el 1962 i el 1963, ja havia acabat el servei militar, tenia vint-i-tres anys. En Sàbat em va oferir que fes d'ajudant a les classes que donava al Gremi de Pastissers, i evidentment vaig acceptar. Ell xerrava i jo feia els pastissos. Recordo, com si fos avui, el primer dia de classe. Llavors l'escola era al carrer Comtal, no era la que hi ha al carrer Comerç on has estudiat tu, Pep. El primer que vaig sentir, just abans de començar a fer la demostració pràctica, va ser: «Aviam què ens farà, aquest nano», i em vaig mirar tots aquells alumnes i vaig pensar que segurament en sabien més que jo. Un cop vaig haver acabat de fer tots els plats —no només pastissos, també canapès—, em van fer tot de preguntes, vaig notar que els havia agradat el que havia fet i vaig quedar més tranquil. Però sempre he tingut molt de respecte per l'auditori que m'escolta i les classes m'han servit per aprendre, no per ensenyar. A vegades ajudava en Sàbat i en Vilella (DEP), que feien junts l'última classe del curs, dedicada als pastissos salats, i també en vaig aprendre molt. I m'hi vaig estar molts anys, de professor, gairebé fins al 1991, quan vaig entrar a la junta del Gremi.

Aquesta incorporació a la junta té història. Tot va començar un dia en què estàvem celebrant el vint-i-cinquè aniversari de casament d'un dels membres del Pastís Grup. La conversa va anar derivant cap a temes més polítics, i vam veure que hi havia ganes de presentar una candidatura. Ens sentíem emparats els uns pels altres —no sé si m'enteneu—, perquè ens coneixíem molt, feia vint anys que anàvem junts. I vam voler ser originals: la vam pensar sense presidència, només amb els vocals, el tresorer, el vicepresident i tota la pesca. Un dia, en Marcillas (DEP) va dir: «Si no hi ha president, això es desfarà en un tres i no res». I jo, mig de broma, vaig contestar: «Ja l'agafaré jo, la presidència», i em va dir que m'agafava la paraula. Fos com fos, això va fer que la idea tirés endavant. I ens vam presentar a les eleccions, però sense un candidat «oficial» a la presidència. I les vam guanyar! Aleshores em vaig adonar que el Jaume Fuster tenia moltes ganes de ser president, i vaig pensar que era prudent que jo no ho fos des de tan aviat, i així vam començar. Primer vaig ser vicepresident, encarregat de l'àrea econòmica; en Mauri (DEP), també vicepresident, es va posar a l'àrea social; en Comas, també de vicepresident, es va encarregar de l'àrea escolar i de tot el que fes falta; en Cardona va fer de secretari, i així ens vam repartir tots els càrrecs. Durant els quatre primers anys, vaig haver de substituir el president moltes vegades, perquè el van haver d'operar més d'un cop d'una cama que tenia fotuda. I em vaig anar acostumant a prendre decisions, perquè, al capdavall, algú les havia de prendre.

Joan Turull (segon per l'esquerra) busca els papers del discurs que haurà de pronunciar com a vicepresident del Gremi durant la presentació del pastís «Barcelona» a l'Hivernacle de la Ciutadella (1991).

La situació del Gremi, en aquells moments, i des del punt de vista econòmic, era complicada. Amb en Cardona, en Fontanet, en Comas i en Marcillas, ens vam posar a buscar recursos allà on vam poder. Vam descobrir que hi havia hagut coses que potser havien estat mal gestionades, i que hi havia una sobrecàrrega de personal. El fet de comptar amb en Josep Maria Fontanet (DEP) vas ser una gran sort, perquè era un bon economista i va saber com ordenar les coses. Van ser anys molt durs, del 1991 al 1995, perquè vam haver de fer reestructuració de personal, i no és una cosa agradable. Vaig haver de citar a la Sala de Juntes tot el personal que tenia contractat el Gremi per dir-los que no teníem diners per a la paga extra de juny, que podríem anar pagant el sou de cada mes, però que aquella paga l'anirien cobrant a poc a poc, primer uns quants, i després uns altres. I hi va haver gent que s'ho va agafar molt malament, hi va haver crits i tot, i jo vaig acabar anunciant que s'hauria de començar a fer fora gent. I, efectivament, vam començar a fer-ho. I encara avui hi ha gent que em mira malament per allò, mentre que d'altres ho van entendre i van marxar amb molta educació i la cara ben alta. Però van ser temps durs, molt durs per a tothom. Vaig arribar a pensar que m'havia ficat en un bon embolic, a la gola del llop.

Passats aquests quatre anys difícils, però, el juliol del 1995, vam guanyar les eleccions i vaig ser president. Amb els companys no ens ho vam pensar gaire: «Qui vol ser-ho? Ho agafes tu? Ho agafo jo, i ja està». I em van nomenar president. Tenia cinquanta anys justos. El meu amic de l'ànima, el Pepe Balcells, em va mirar tot desconfiat:

«Ara què t'hauré de dir, president o senyor Turull?». I li vaig etzibar «Hòstia, Pepe», i llavors la meva frase lema: «Si per ser president d'aquesta casa he de perdre un sol amic, deixo la presidència». I, que jo sàpiga, des d'aleshores no n'he perdut ni un, d'amic, per haver estat president del Gremi. I si n'hi ha algun, hauria de venir a explicar-me per què, ja que mai no he fet res per ofendre ningú, i només he procurat defensar els interessos de tots, tinguessin la ideologia que tinguessin. Opino que tots els agremiats hem de fer pinya i això és el que he procurat fer.

Allò va ser una bogeria de feina. Els primers anys, ens reuníem només sis o set persones de la junta, i treballàvem

Joan Turull (dreta), com a president del Gremi, ofereix el tradicional pastís de Sant Jordi al Palau de la Generalitat. A la foto, amb Marta Ferrussola i la pastissera Núria Ilari.

El M. H. President Jordi Pujol rep el pastís de Sant Jordi de mans de Joan Turull al Palau de la Generalitat.

com burros. Jo m'hi passava trenta o quaranta hores setmanals. Fèiem reunions al matí amb el conseller, entrepà per dinar, i més reunions a la tarda, els dimarts, dimecres i dijous, i algun divendres si quedava res pendent. No cal que us expliqui que a casa n'estaven fins al capdamunt, i que no ho veien amb bons ulls. Vist ara, amb perspectiva, potser hauria pogut dedicar menys hores al Gremi, i més a la meva pastisseria, però ara ja està fet, i també he de reconèixer que sempre m'ha agradat manar. Ho tornaria a fer —em conec—, i ho faria de la mateixa manera. Qui entri quan jo marxi, ha de saber que hi ha un equip boníssim, i que hi podrà dedicar la meitat de les hores que hi he dedicat jo, que m'ho prenc tot com si fos el més

Joan Clos, aleshores Alcalde de Barcelona, i Joan Turull, com a president del Gremi, signant el conveni per a la construcció del Museu de la Xocolata (1997).

important del món; no sé fer les coses a mitges, no n'he sabut mai. Com tampoc no he sabut mai aprofitar-me del càrrec de president per a altres coses, com ara demanar rebaixes a proveïdors del meu negoci o coses pitjors. No, això al nostre Gremi no ha passat mai, no hem tingut mai presidents o membres de cap junta que posessin la mà a la caixa. Tampoc és que en remenéssim molts, de calers, això està clar! Al Gremi sempre estàvem més pelats que unes rates!

Com a mínim fins al 2000, quan vam poder inaugurar el nostre primer gran projecte, el Museu de la Xocolata, allò va ser un no parar. A la primera junta, recordo que hi havia en Marcillas, en Comas, en Fontanet i en Cardona. Després, amb cada renovació de la junta, anava entrant i sortint gent. I renovar mandats no era fàcil! Recordo anar de mítings per tota la província, en cotxe, amb en Cardona, per convèncer agremiats a qui potser no agradàvem. Però ens en vam sortir. Al llarg de tots aquests anys, la meva mà dreta ha estat sempre en Cardona, i la mà esquera, o segons convé també la dreta, en Joan Font, advocat del Gremi des que vàrem entrar, uns homes molt lleials i molt intel·ligents, que sempre han sabut manejar-se en públic. En tots els casos, fins i tot a l'enterrament del pobre Fuster (DEP), tot just ara fa uns mesos. M'havia assegut a les últimes files, i em va fer aixecar i seure amb ell a primera fila, on havíem de ser segons la seva opinió. Jo sóc més reservat, per aquest tipus de coses, i en Cardona m'ha ajudat sempre a fer-me més visible. Al principi, em feia pànic sortir a parlar en públic amb un micròfon a la mà, i quan havia acabat sempre li preguntava: «Es notava que em tremolaven les cames?». I gràcies al seu suport, i al pas del temps, vaig anar agafant més confiança.

La segona junta (1999-2003) va ser potser la més convulsa, la més dura. Havien començat les obres del Museu de la Xocolata, i el pressupost que teníem se'ns va disparar fins a doblar-se. El pobre Fontanet, que feia de comptable, ho va haver de deixar perquè es va posar malalt, i no va quedar ningú que sabés tant de números com ell. El Cardona se'n va anar a fer política un parell d'anys, i jo em vaig anar sentint més i més sol. No és que no em donessin suport; ho feien de paraula, però després no hi eren, no m'ajudaven a l'hora d'engegar accions o de prendre iniciatives. Fins i tot van marxar un parell de gerents, espantats per l'estat dels comptes i convençuts que el Gremi faria fallida el 2002. Però no va ser així. Cap al 2003 vam redreçar la situació, gràcies a l'ajuda de tots els agremiats, que van salvar el Gremi, i a mi! Van posar diners per poder acabar les obres, i el Museu mateix va ser el que ens va salvar, perquè va representar una nova font d'ingressos. Allò va ser molt important, i va permetre que ens convertíssim en el millor gremi d'Espanya, per no dir d'Europa. Som un gremi modèlic, sense ni un problema de transparència, sense discussions entre els treballadors. A l'hora d'agafar algú nou, sempre he fet el mateix, i aquest és un altre consell que us dono, nois: primer s'ha de fer un període de prova. Però no només per al treballador, sinó també per a qui el contracta, perquè són dues peces que han d'encaixar, i ningú no treballa del tot bé en un lloc on no està a gust. Això ho he tingut sempre com a filosofia de vida.

Són molts anys de presidència, i molts records. Juntes plenes d'esbatussades, de bons i de mals moments, de problemes, però també de coses bones. Jo crec que, per a

Inauguració del Museu de la Xocolata (2000): la tinent d'alcalde i presidenta de Barcelona Activa, Maravillas Rojo, l'alcalde, Joan Clos, i Joan Turull, tots tres degudament equipats per a l'ocasió.

Joan Turull signa la reproducció del llibre de xocolata, amb molta cura,
durant la inauguració del Museu de la Xocolata (2000).

mi, la presidència ha estat com un màster d'universitat. Un màster de saber estar als llocs. A hores d'ara, quan em trobo amb un conseller, o fins i tot amb el president de la Generalitat, sé perfectament com li he de parlar, des de quina posició, amb el màxim respecte, és clar, però com a president del Gremi que sóc. Perquè m'acabeu d'entendre, us n'explicaré una que em va passar no fa gaires anys. Un dia vaig anar a la Conselleria tot sol —cosa que no era habitual—, i una senyora que era un alt càrrec em va dir: «Ens tractem de tu?». I jo vaig contestar: «Com vostè vulgui», i vam seguir parlant-nos de tu. Al cap d'un temps, hi vaig tornar a anar, però amb un grup de persones, i vaig adonar-me que em tornava a tractar de vostè, cosa que també em va semblar bé. Però quan, per tercera vegada, hi vaig tornar sol i vaig començar a parlar-li de vostè, em va tallar per dir-me: «No havíem quedat que ens parlaríem de tu?», i va ser aleshores que vaig entendre que, sempre que estiguéssim sols, ens tutejaríem, i en canvi, davant de tercers, mantindríem el tracte de vostè. Una bona lliçó, sens dubte. Ara, la política, com a tal, no m'ha atret mai. Penseu que, a més de ser president del Gremi Provincial, també ho sóc del Gremi de Catalunya, i que això comporta, de manera automàtica, ser vicepresident del d'Espanya, amb totes les reunions a Madrid i mil martingales que acompanyen el càrrec. I tot això sense oblidar que, a casa, hi tenia un obrador amb vint persones treballant per a mi. No tenia ni temps de pensar a dedicar-me a la política pura i dura, i ni un minut per respirar. I també hi ha un altre motiu més ocult perquè no m'interessés: el record de les decepcions que va tenir el meu pare en el món de la política, sempre per ser massa sincer, massa obert. Crec que potser m'hauria passat el mateix, no ho sé. La qüestió és que no vaig tenir mai la temptació.

Tanmateix, n'he conegut uns quants, de polítics; m'hi he hagut de relacionar a causa dels càrrecs. Els Molt Honorables Senyors Pujol, Maragall, Montilla i Mas, a qui conec de fa molts anys, des que era cap de l'oposició. Però potser els qui més m'han impressionat han estat els pares abats, el pare Bardolet i el pare Josep Maria Solé, a qui sempre he trobat molt capaços, i representants d'una institució molt forta. Si hi ha alguna cosa que em sàpiga greu, per exemple, és no haver conegut el Papa Benet XVI, quan va venir de visita a Barcelona. Va passar que, com que ja havíem acordat amb l'arquebisbat que tot el professorat de l'Escola del Gremi presentaria la Sagrada Família de xocolata que havíem fet, vaig declinar afegir-m'hi, perquè ningú no pogués dir que m'aprofitava del càrrec. Sóc així. Però ara que ja ha passat, sento recança, perquè això és una oportunitat que passa un cop a la vida, i ja no torna.

També he après a llegir sobre reglamentacions, sobre lleis, sobre moltes coses que no eren estrictament de pastisseria, i sobretot, he après a parlar en públic, i a donar agraïments a les persones que ens han ajudat a fer les coses. Ara ja no parlo sense papers al davant, perquè si ho faig, sempre m'oblido d'algú o altre, i això no és bo. Riureu quan us expliqui què em va passar en un dels meus primers discursos. Era el segon o tercer que feia, érem a les caves Codorniu i presentàvem el Pastís Barcelona. Aleshores jo no era ni tan sols president, ho era en Jaume Fuster, però es va trobar malament i em van demanar, a l'últim moment, que sortís a dir quatre paraules. I a mi, tot atabalat, amb el micròfon a la mà, davant de tot d'autoritats, només se'm va acudir: «Que guapa que ets, Marta Ferrussola!». I és clar, tots amb unes cares...! Però és que no sabia què dir, a part de «moltes gràcies a tothom». Trobo que tot un vicepresident del Gremi no pot sortir i dir només això, que ha de dir alguna cosa més. Però, és clar, aleshores només se'm va ocórrer dir aquella bestiesa —amb tots els respectes per la Marta. En fi, tampoc no va passar res. No ho sé, si encara se'n recorda, la senyora Ferrussola, d'aquella floreta... D'altra banda, també tinc algun record bo d'un discurs d'aquella època, un que vaig haver de pronunciar al Saló de Cent de l'Ajuntament de Barcelona —substituint també a en Fuster— amb motiu de l'atorgament de la Medalla d'Or al pastisser Santapau. Aquell dia vaig acabar content de les meves paraules.

Una altra cosa que m'han ensenyat els anys de presidència —i que estic segur que a vosaltres, que sou tan joves, us farà falta— és a ser prudent. A ser prudent i a saber en qui pots confiar i en qui no, qui se t'està acostant perquè ets el president del Gremi i et vol demanar alguna cosa, i qui se t'acosta només perquè és amic teu. Això s'aprèn a distingir de seguida, i sap greu veure gent que se t'acosta només pel lloc que representes, i no per qui ets com a persona. Així és una mica com funcionen les coses, però, i val més que ho tingueu sempre en compte. No perquè ho feu vosaltres, és clar, sinó per estar preparats.

Ara crec que el més important que he après és a liderar un grup de persones, però sense que tingui res a veure amb el fet de dirigir els qui treballen a l'obrador. Ho enteneu, nois? Ambdues coses són com la nit i el dia. Una cosa és manar en un negoci, i l'altra, molt diferent, representar tot un col·lectiu. Per ser president és molt important saber que no faràs les coses tu sol, que t'has d'envoltar d'un grup de gent que et doni l'opinió de manera sincera, que no et tingui cap por, perquè si no ho fas, estàs perdut. També és veritat que potser em vaig dedicar tant al Gremi perquè volia que el meu fill gran, el vostre oncle Joan, que ja treballava a l'obrador de casa, comencés a agafar el comandament de tot allò, i necessitava una mica de terreny lliure. Tanmateix, després, el meu fill Joan, quan va tenir vint-i-vuit anys, se'n va anar per muntar la seva fàbrica, o sigui que, com veieu, tampoc no es pot planificar mai tot.

> "Crec que el més important que he après és a liderar un grup de persones."

**Discurs de Joan Turull amb motiu de la inauguració
del Museu de la Xocolata (16 d'octubre de 2000):**

«Per fi ha arribat aquest dia tan esperat per tots, ha arribat el
dia de la inauguració del nostre museu, el museu de tots. El
pròxim mes de novembre es compliran tres anys de la signa-
tura del conveni amb l'Ajuntament de Barcelona, i haig de
reconèixer que han estat tres anys llargs, costosos i de molta
feina. El més important, però, és que finalment el projecte
inicial s'hagi transformat en una satisfactòria realitat.

»Vull agrair públicament a tots els qui, amb el seu esforç i
suport, han fet realitat aquest museu.

»A l'Ajuntament de Barcelona, i especialment a Barcelona
Activa, que ha estat el vincle principal amb la nostra entitat,
i la seva presidenta, la Il·lustríssima Senyora Maravillas Rojo.

»A la Diputació de Barcelona i al seu president, l'Excel·
lentíssim Senyor Manuel Royes.

»A la Generalitat de Catalunya, especialment al Depar-
tament de Cultura, al d'Indústria, Comerç i Turisme, i al
d'Agricultura, Ramaderia i Pesca.

»A tots els socis fundadors, a totes les empreses col·
laboradores, a tots els pastissers que desinteressadament han
participat en el projecte cedint-nos maquinària o elaborant
peces de xocolata.

»Al Museu de Ceràmica de Barcelona.

»A tota la meva junta, al personal del Gremi, a les compo-
nents del Grup Gremial de la Dona Pastissera i als de l'Escola de
Pastisseria, a tots els industrials que han treballat amb nosaltres
i a l'empresa Ikonos, que ha realitzat el projecte museogràfic.
Sense el seu ajut, difícilment hauríem pogut crear aquest museu.

»I, amb por de deixar-me algun nom, em permetreu que
només mencioni una persona que avui, malauradament, no

pot veure aquesta realitat. Estic parlant del director de l'Escola de Pastisseria, el malaguanyat Josep Maria Vilella, que ens va deixar el 20 de juliol i que va ser qui va tenir la idea de crear el Museu de la Xocolata. Tots el trobem a faltar, i voldria que l'esperit que en Josep Maria Vilella ens va transmetre continués per sempre amb nosaltres.

»També voldria tenir en compte tots els pastissers que des de la creació del Gremi l'any 1901 han contribuït a fer, amb el treball de diferents generacions, que aquest Museu sigui possible, perquè sé amb certesa que molts d'ells van patir temps difícils. Avui, amb l'obertura del Museu de la Xocolata, iniciem els actes commemoratius del centenari del Gremi, que es complirà el pròxim 15 de gener i pel qual editarem un llibre commemoratiu.

»Ara ja ens podem sentir orgullosos. Però ja està tota la feina feta? No! La feina ve ara. Hem de treballar per la viabilitat d'aquest museu, hem de treballar perquè sigui un museu de referència per als visitants de la ciutat, hem de treballar perquè en un futur pròxim la nostra Escola estigui en aquest espai, hem de treballar, en definitiva, perquè el nostre Gremi continuï sent el capdavanter que sempre ha estat, i perquè s'hi sentin identificats tots els pastissers d'arreu del món.

»Moltes persones ens han preguntat el perquè d'aquest museu. Per què tant d'esforç? Per què?

»Doncs per molts motius: per buscar un referent en nosaltres mateixos, per orgull, per satisfacció, perquè penso que el pastisser està molt més relacionat amb la bomboneria que amb qualsevol altra activitat, perquè el consum de xocolata pura està en augment, i perquè aquest mercat ha de ser nostre. Som, sens dubte, els més preparats per tractar la xocolata i, si se'ns escapa aquesta oportunitat, difícilment la tornarem a recuperar, com ens ha passat, per desgràcia, amb altres productes que eren purs de pastisseria i que avui es troben a tot arreu.

»Aquest museu també l'hem fet per necessitat, i pensant en el futur. Malauradament, avui en dia els projectes han de ser viables, i el Gremi de Pastisseria de Barcelona no n'ha de ser una excepció. Per aquest motiu, hem de pensar en la seva continuïtat durant cent anys més. Després, ja se'n preocuparan els altres.

»Amb el pensament que nosaltres som els continuadors d'un Gremi que ja funcionava quan el vam heretar, hem volgut, amb el Museu de la Xocolata, ampliar la nostra activitat tot modernitzant-la, a fi que les futures generacions que hem format agafin el relleu i trobin un Gremi actiu i amb una visió de futur. Tenim l'objectiu que la pastisseria no decaigui i sigui —com ho ha estat sempre— un ofici amb empenta, format per persones d'obrador i gent de botiga que sempre han treballat amb el cor i amb tenacitat, i han lluitat contra les adversitats.

»Excel·lentíssim Senyor Alcalde, espero que el museu que avui ha vist compleixi el que li vaig prometre en el moment de la signatura del conveni: que els pastissers no el defraudaríem si el realitzava —malgrat que després hagi suposat un esforç titànic per a tots els que hi han treballat des del primer moment, incloent els socis fundadors. Espero també que el Museu de la Xocolata hagi complert les seves expectatives i que pensi que ha valgut la pena esperar tot aquest temps per tenir un gran museu que desitjo que es converteixi en un gran emblema de la ciutat.

»Per finalitzar, voldria expressar la meva voluntat de poder seguir comptant amb el suport de l'Ajuntament de Barcelona, i faig extensible aquesta petició a la Generalitat de Catalunya i a la Diputació de Barcelona, ja que la viabilitat d'aquest museu, a la fi, serà l'èxit de tots.

»Moltes gràcies.»

El passat i el futur del Gremi:

El Gremi existeix des de 1901, i ha tingut moltíssims presidents. Cadascun és recordat per una cosa o per una altra, per coses que ha impulsat o per projectes que ha acabat. A mi em va tocar, per exemple, ser el president que va aconseguir, l'any 1997, una nova seu per a l'Escola de Pastisseria i el Museu de la Xocolata, que originàriament eren unes antigues dependències militars del convent de Sant Agustí al barri del Born de Barcelona. A vegades, cal encertar l'època: que siguin uns temps que ajudin, que siguin favorables. Per exemple, ara mateix, amb aquesta crisi, a qui entri de president —cosa que passarà, perquè jo plegaré aviat— li costarà molt tirar projectes endavant, perquè ara no hi ha diners enlloc ni te'ls deixen. Així i tot, amb un bon grup es pot aconseguir tot. Estic convençut, però, que tots els presidents que hi ha hagut han provat d'arreglar coses, de ser un bé per al Gremi, amb més o menys sort o més o menys habilitat, però amb bones intencions tots. Perquè ningú no es fa president si no li agrada, nois: del fet de ser-ho no se'n treu ni un duro, no es cobra res; es fa per amor a l'ofici. Potser hi ha gent, o altres gremis, per a qui la cadira de presidència representa molt —potser una oportunitat de saltar a altres llocs—, però per a mi això no ha estat mai així. Jo només vull que es respecti la meva cadira, però que se la temi, mai. I sóc del tot conscient que, si he fet les

> **"** Ningú no es fa president si no li agrada, nois: del fet de ser-ho no se'n treu ni un duro, no es cobra res; es fa per amor a l'ofici. **"**

coses bé, ningú no m'ho reconeixerà de forma explícita, i que, en canvi, no se'm perdonarà ni un sol error. Això passa a qualsevol organització: si el que entra a continuació fa les coses bé, ningú no es recorda de l'anterior, però si el que entra és un desastre, la gent tendeix a recordar quant bé que ho feia el que ha marxat. En el meu cas, potser seré recordat per haver impulsat moltes coses, gràcies al bon equip que he tingut darrere, malgrat que sempre he vetllat perquè fossin projectes viables i no pas castells en l'aire. Estic orgullós, per exemple, d'haver impulsat una

Antoni Escribà

Amb l'Escribà vam tenir-hi bona relació: havíem sopat a casa seva, i ells a casa nostra, i havíem anat junts a fer conferències o a fires. Ell tenia un caràcter d'artista, i això ja se sap que és difícil d'entomar, a vegades. Però he de dir que va estar al meu costat quan vaig estar malament. Recordo perfectament que em va dir: «Joan, t'has d'agafar la vida més bé. Això dels productes sense gluten, a prendre pel cul, perquè si no et matarà». I li vaig fer cas. I també he de dir que era algú que reconeixia molt la feina dels joves, la innovació. Recordo una vegada a una fira de Suïssa —on jo havia presentat un pastís amb una caputxina a sobre que era una invenció meva—, que va quedar tot parat: «Això és collonut, un pastís de collons!», i jo em vaig quedar tot orgullós que algú que era més gran i que ja tenia prestigi valorés una cosa meva. Sempre he pensat que l'Antoni Escribà no sentia enveja per ningú, pel motiu que sigui, i això és una cosa molt important.

assegurança de responsabilitat civil de cinquanta milions de pessetes per a cada agremiat, i de moltes altres coses. És cert que se m'ha criticat, a vegades, per no haver escoltat prou les demandes concretes dels agremiats, però és que s'ha de tenir en compte que els pastissers són —som i sou— una gent particular: som individualistes per naturalesa, i tots ens pensem que som els millors. Tots tenim la nostra manera de transformar la xocolata i les nostres fórmules preferides. I això també és bo, perquè afavoreix la competència i es pot dir que forma part de la idiosincràsia de la pastisseria catalana, però, és clar, no ajuda a la feina del Gremi. Tots els intents de crear centrals de compres, per exemple, o proveïdors comuns per a tots els agremiats han fracassat estrepitosament. Cadascú ho vol fer a la seva manera, és així. Us poso un exemple perquè ho entengueu encara més, nois. Una vegada va venir un agremiat

Joan Turull i Joan Clos descobreixen la placa amb motiu de la inauguració de l'Escola del Gremi Provincial de Pastisseria de Barcelona (2002).

a demanar-me consell. Estava desesperat perquè no venia res, i havia pensat que potser, si comprava un tren d'elaboració de pa, la cosa remuntaria. El primer que li vaig preguntar va ser: «A veure, on tens el forner més proper?». «A cinquanta metres», em va dir. «Doncs ja està, no et gastis ni un cèntim a voler fer pa, perquè us fareu competència, i no anirà bé per a cap dels dos. Serà millor que facis una bomboneria o una cafeteria». I l'hi vaig treure del cap. En coses com aquesta, espero haver ajudat els agremiats.

Una paraula clau defineix la meva concepció del que ha de ser un gremi —i moltes altres coses, sobretot ara que van mal dades—: polivalent. Amb la baixada de socis brutal que hem patit en els darrers anys —hem passat de 950 a 450, i encara es preveu una baixada d'un 20% addicional—, és claríssim que no hauríem pogut sobreviure només amb les quotes dels agremiats com a ingrés. Per això la meva primera obsessió, i la de la junta, va ser el Museu de la Xocolata, que avui és un projecte que

Col·locació de la primera pedra de la residència per a estudiants de l'Escola del Gremi Provincial de Pastisseria de Barcelona, amb la segona tinent d'alcalde, Sònia Recasens (2012).

s'autofinança tot sol. El Museu va ser tot un èxit, però el vaig viure com un èxit del Gremi, i no pas meu. Avui és el cinquè museu dedicat exclusivament a la xocolata més visitat del món —dels catorze que hi ha en total—, acull uns 150.000 visitants cada any i dóna feina a onze persones. La segona obsessió, en paral·lel, va ser l'Escola, que ja existia, evidentment, però que nosaltres vam reformar. I, finalment, hi ha hagut el que jo veig com la quadratura del cercle, que és la residència per a estudiants. Ara per ara, el futur d'aquest projecte és una incògnita, i ho viuré com un fracàs personal si no tira endavant, però crec que la residència és el que acabarà de fer-ho funcionar

Inauguració de la residència per a estudiants de l'Escola del Gremi Provincial de Pastisseria Barcelona, amb la presència del M. H. President de la Generalitat, Artur Mas, l'alcalde de Barcelona, Xavier Trias, i Joan Turull, com a president del Gremi (2013).

El M. H. President de la Generalitat, Artur Mas, enfeinat, el dia de la inauguració de la residència per a estudiants (2013). Al costat seu, Joan Turull, l'alcalde de Barcelona, Xavier Trias i, al fons, Helena Rakosnik, la dona del president.

tot: l'Escola, el Museu, el Gremi, en general, l'ofici de pastisser.

Idees i projectes per al futur del Gremi no me'n falten, però estic convençut que hi ha moments en què un ha de notar que li ha arribat el moment de retirar-se, de deixar pas als més joves, que arriben amb altres idees, i amb maneres diferents de fer les coses. Ni millors ni pitjors, diferents. Tot el que fa referència a la informàtica, per exemple, a mi em supera del tot, i els joves, en canvi, ho porten «de fàbrica», com aquell que diu. Qui arribi, podrà canviar el que vulgui i, si no ho fa bé, ja el substituiran, d'això no n'hi ha cap dubte. Jo m'ofereixo per ajudar-lo en el que sigui, però no tinc pensat tornar a treure el cap per aquí. Això no es fa. O sigui que, si Déu vol, acabaré aquesta legislatura el 2015, o abans, i això serà tot. No penso permetre que diguin «aquest s'ha *apalancat* aquí», o que em penso que sóc el millor, perquè no ho he fet mai, sinó tot el contrari. Com un cap de setmana que havíem sortit amb uns amics, vam entrar en una pastisseria, vam berenar i, quan ja vam ser fora, un dels amics es va enfadar amb mi perquè no m'havia identificat com a president del Gremi de Barcelona. Però és que jo estava de vacances! A més a més, considero que la presidència del Gremi consisteix només a fer la feina ben feta per al Gremi, i no a figurar per aquí i per allà. Perquè, el dia que s'acaba, o que et fan fora, et trobes que tornes a ser el Joan Turull, el de sempre. No cal pensar que ets alguna cosa més important, perquè no ho ets.

Els negocis i la política: dues coses que no s'han de barrejar

La política és una cosa que vaig viure de jove de manera inconscient i llunyana. A casa no se'n parlava, encara que el pare fos alcalde de barri i després regidor de l'Ajuntament. La mort de Franco, per exemple, no la recordo com un moment tan important: les coses, per a mi, van seguir una mica igual. És clar que jo havia tingut una joventut tranquil·la. Al cap de pocs anys va venir el cop d'estat de Tejero, i com si sentís ploure: no m'espantava per res! A més, tot plegat va durar només vint-i-quatre hores, i després es va calmar. Potser és que no m'adonava del perill o que tenia massa coses al cap: començar unes obres, tenir a punt algun encàrrec o anar a alguna reunió del Pastís Grup. Fos el que fos, tot sempre passava per davant de la política. Diguem que estava poc preparat políticament. Malgrat això, fins i tot avui, considero que algú que està al capdavant d'un negoci —i sobretot algú que representa un gremi— no s'ha de posicionar ideològicament. Si entra un client a la botiga i vol un pastís amb l'estelada, li faré el pastís amb l'estelada. Però si n'entra un altre que vol un pastís amb l'escut del Madrid, també el tindrà. I, pel que fa al Gremi, cal pensar una mica el mateix. No saps mai si els polítics amb què negocies hi seran demà, o si tornaran a ser-hi demà passat; val més que siguis del tot apolític. El que més valoro d'un polític és que segueixi els temes, que es recordi d'una qüestió sobre la qual li hagis parlat malgrat el temps que hagi pogut passar, i que estigui provant d'arreglar-la. És molt més important això que els colors dels partits. És com el meu càrrec: jo no

Algunes medalles i distincions:

Medalla d'Or al Congreso Nacional de Pastelería de Málaga (1970)
Medalla de Bronze a Alimentaria (1977-1978)
Medalla d'Or a Viena (1978)
Títol de Mestre Pastisser de Barcelona (1985)
Carta de Mestre Artesà Pastisser de la Generalitat de Catalunya (1991)

puc defensar més o menys un agremiat perquè sigui convergent, socialista o del PP. Els he de defensar igual a tots.

Una altra cosa és en l'àmbit personal. En aquest cas podria dir que em sento català, i que penso que Catalunya és la meva terra. També penso que és el motor d'Espanya, això és claríssim. I també tinc clar que catalans i espanyols funcionem de maneres diferents, com a mínim els empresaris, que són els qui he conegut més, a la vida. Els d'aquí venim dels celtes i dels jueus i, en canvi, els d'allà vénen dels àrabs i això es nota. No oblidaré mai el que em va dir una vegada un valencià: «A vosaltres, els catalans, us admiro, perquè, de les pedres, en feu pans. I aquí, a València, els tarongers creixen sols, perquè fotem un cop de xapo i ja surt aigua». Vull dir que el territori marca el caràcter. Aquí, a les zones més seques, s'hi va plantar vinya o olivera, es va saber aprofitar al màxim el poc que hi havia. I també és evident que, des de fora, ens veuen diferents. Me'n va passar una, a Munic, a una fira...! Deu fer més de trenta-cinc anys. Em vaig acostar a un estand i vaig començar a parlar en castellà. No em feien ni cas. I, quan ja me n'anava, se'm va ocórrer tombar el cap i dir: «Escolti, de Catalunya», i aleshores em van contestar tot el que volia saber sobre una màquina. Perquè veieu com ens han vist sempre, de diferents, a l'estranger: saben que som més emprenedors, i ho som. Això no vol dir que a Catalunya no hi hagi tota mena de gent, com a qualsevol lloc.

Ara, amb tot el que està passant avui, tot aquest rebombori de la independència, no sé si tothom s'hi està trobant a gust. Aquesta era una terra tradicionalment d'acollida: cap castellà pot afirmar que, si ha dit de manera educada

«Perdone, no entiendo el catalán», un català no li hagi repetit el que fos en castellà. Però també és normal que vulguem preservar la nostra identitat i una llengua que va ser prohibida durant quaranta anys i que miraculosament ha sobreviscut, cosa que no ha passat en altres llocs. També és cert que la independència, que jo sàpiga, no s'ha aconseguit mai sense sang, i jo no voldria veure una matança, la veritat. Crec que ens aniria bé més autogovern, com al País Basc, on s'administren ells de debò. Hi ha molts diners que surten cada any de Catalunya que després no tornen i que fan molta falta. No pot ser que Catalunya es converteixi en un país de serveis, sense indústria ni sense res. Sé que la indústria està deslocalitzada a tot el món, però també és veritat que aquí, a Terrassa, a poc a poc, estan tornant a muntar petites indústries tèxtils, perquè això de la Xina i l'Índia ja és una mica excessiu —ho fan tot de qualsevol manera, i si volem una mica de qualitat, ens hem de posar seriosos. El que passa és que ara falta formar tota una altra generació en l'ofici, perquè l'havíem perdut: falten operaris, professionals que sàpiguen tocar el tema com l'havíem tocat aquí. Potser s'aconsegueix, qui sap. Tot un país dedicat als serveis, però, no sé imaginar-me'l de cap de les maneres.

La guerra del segle XXI

No tinc cap dubte que aquesta crisi és la guerra del segle XXI. El que passa és que, en lloc de ser militar, és econòmica, però també hi ha bàndols i també hi ha morts. I si no, que els ho preguntin als familiars dels desnonats que s'han suïcidat.

Quan jo era petit, m'explicaven que, durant la crisi dels anys trenta, els industrials arruïnats de Terrassa també se suïcidaven, aquí mateix a la Rambla. És que no som de ferro i, quan tot se'ns posa en contra, el cervell se'ns tanca i som capaços de fer qualsevol bestiesa. Però alguna solució s'ha de trobar. O bé oferir com a mínim una moratòria a tota aquesta gent que no pot pagar, o bé allargar les hipoteques encara més, com fan a Alemanya, i que les vagin pagant els fills i els néts. Però fer fora la gent de casa seva, i que els bancs no els perdonin el deute —uns bancs que han rebut tantes injeccions de diners públics—, no ho poden fer.

Diuen que no hi ha mal que duri cent anys, així que espero que aquest desgavell s'acabi algun dia. De moment, però, hem d'intentar salvar-nos-en, perquè no està clar qui ho farà. Pot durar un any més, o dos, però si dura gaire més, no quedarà ni l'apuntador, no hi haurà cap comerç —sigui de queviures, de roba o de qualsevol altra cosa— que s'aguanti dret. Els únics que se salvaran seran els dels pakistanesos o els xinesos, però és que ells hi dormen i tot, a la botiga, i no sé si compleixen la normativa d'horaris o determinats estàndards de sanitat. Ara, quin és l'origen de la crisi? Que me l'expliquin. Com és possible que el Banc d'Espanya permetés que s'endeutés tanta gent que sabien que no podria tornar mai tots aquells diners? I el més greu és que, després, els bancs han tancat l'aixeta i no ofereixen crèdit a ningú, ni tan sols a aquells particulars, empreses o petits comerços que portaven tota la vida treballant amb el mateix banc, un banc a qui se'ns deia que havíem de considerar el nostre amic. Amb amics així, no sé si cal tenir enemics! Són coses que no puc entendre. No sé si els governs s'adonen que són les petites empreses les que donen feina, encara que sigui de dos treballadors en dos o de cinc en cinc. Són les que la donen, i les que la conserven més temps, perquè en una empresa petita els treballadors no són un número, són companys que treballen els uns al costat dels altres, i això marca la diferència. Els autònoms no estan rebent tot el suport que haurien de rebre: si més gent es pogués establir pel seu compte, també es podria contractar més gent per als llocs que aquestes persones deixarien lliures a les empreses. El que no pot ser és que tinguem cinc milions d'aturats, això és intolerable. També he de dir que sembla que vulguin que pleguem tots, i que tots els diners vagin a les grans superfícies o a les grans corporacions.

En Jordi Pujol, que va ser president de la Generalitat —no sé si sabeu qui és—, parlava sempre de «la caseta i l'hortet». Doncs, ara, això ja no pot ser. Ha de ser «la caseta i les hectàrees de camps», perquè si no, no surt a compte. Si, a més, és obligatori plantar-hi un blat perfecte, i que en surti una quantitat determinada, ja no podrem fer servir les llavors tradicionals, i n'haurem de comprar de transgèniques. I llavors quedem en mans de les multinacionals que ens les venen. Tot plegat em sobrepassa. No hi ha dubte que hereteu un món més complicat encara que el nostre. Però tot això ha de passar, ha de millorar com sigui. Jo, que tinc més perspectiva, també us puc dir que ni els anys setanta van ser com els anys seixanta ni els anys vuitanta com els anys setanta, és a dir, que també veureu canvis. El sistema canvia i hem d'adaptar-nos-hi.

Tot això em crea una gran preocupació, és clar. No per mi, sinó pels empleats als qui no puc pagar, i sobretot per vosaltres i el vostre futur. O el present, ja que m'adono que potser no us podré comprar els regals que us farien gràcia per Reis, o per als aniversaris, malgrat que tingueu la prudència de dir-me que no necessiteu pas res. No sé si els vostres pares us ho estan fent entendre, però no deixa de saber-me greu. Sempre he procurat que no li faltés de res a ningú de la meva família, i pensar que potser no podré complir-ho em causa malestar. És la vegada a la vida que he tingut més la sensació de fracàs, d'impotència, perquè ja fa quatre o cinc anys que això no para de baixar. I haver d'acomiadar gent que potser porten més de trenta anys amb nosaltres és una cosa que no acabo de pair. A més, és la crisi que m'ha agafat més gran, i això també compta. Les altres vegades em vaig posar a treballar i a treballar, i me'n vaig sortir, però ara no me'n veig tan capaç. A més, les altres crisis no van ser ni tan fortes ni tan llargues.

Només ens en podrem sortir treballant i sent coherents. I això no és el que veig al meu voltant. Els polítics només volen contemporitzar i guanyar temps, i per això ens diuen el que volem sentir. Això és buscar les pessigolles, no agafar el bou per les banyes. Una nació és com una casa particular: si abans n'entraven tres mil i ara n'entren mil, s'ha de reduir, i aquests mil s'han d'estirar per cobrir-ho tot. I això em sembla que el govern de l'Estat només ho diu mig d'amagat, perquè tenen por de perdre les eleccions. I no ho dic pel govern actual, sinó per a qualsevol. Crec que la gent agrairia que les coses es diguessin pel seu nom, i que els polítics se sorprendrien de la reacció que tindria la gent. Amagar el cap a terra, com els estruços, no ha solucionat mai els problemes.

Tres fites:

Mona a Barcelona (1980): La Galeria Joan Prats de Barcelona va inaugurar una exposició memorable sota aquest títol el 27 de març del 1980. Aquell dia, una processó de vint pastissers amb bata blanca i barret cilíndric va arribar a la seu de la galeria de la rambla de Catalunya, entre els carrers Consell de Cent i Aragó. En entrar-hi, es van trobar totes les parets pintades de xocolata rosa, xocolata grisa, xocolata de tots colors. I, enmig de la sala principal, la *Mona de monuments:* un conjunt de 22 monuments de la ciutat. Estaven tots fets de xocolata i pels mestres pastissers, i ells mateixos els havien col·locat, amb tota cura, sobre una gran taula amb el mapa de la ciutat, que comprenia des del Llobregat fins al Besòs i des del Tibidabo fins al mar. A Joan Turull li va tocar

La ciutat de Barcelona convertida en una «Mona de monuments» de xocolata, o la peça estrella de l'exposició a la galeria Joan Prats.

Exemplar del llibre editat amb motiu
de l'exposició del 1980 «Mona a Barcelona» de
la Galeria Joan Prats de Barcelona.

Detall de les Fonts de Montjuïc,
obra de Joan Turull.

Correspondència entre pastissers i monuments de la ciutat de xocolata.

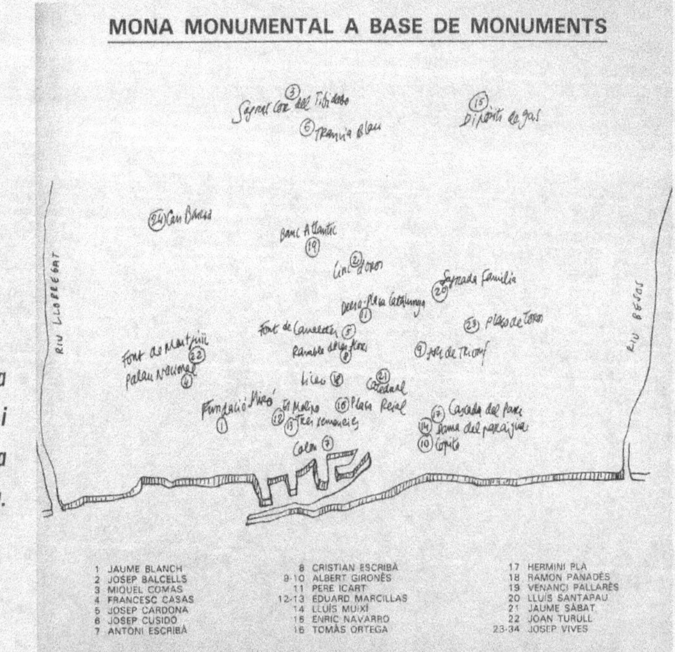

1	JAUME BLANCH	8	CRISTIAN ESCRIBÀ	17	HERMINI PLA
2	JOSEP BALCELLS	9-10	ALBERT GIRONÈS	18	RAMON PANADÈS
3	MIQUEL COMAS	11	PERE ICART	19	VENANÇI PALLARÈS
4	FRANCESC CASAS	12-13	EDUARD MARCILLAS	20	LLUÍS SANTAPAU
5	JOSEP CARDONA	14	LLUÍS MUIXÍ	21	JAUME SÀBAT
6	JOSEP CUSIDÓ	15	ENRIC NAVARRO	22	JOAN TURULL
7	ANTONI ESCRIBÀ	16	TOMÀS ORTEGA	23-34	JOSEP VIVES

representar les fonts de Montjuïc. A partir de dos quarts de vuit del vespre, va començar a arribar una gentada. Es va fer una cua llarguíssima, i ningú no es creia que tot el que veia pogués ser comestible. No va ser una inauguració, va ser una festa. L'esdeveniment va quedar immortalitzat en el llibre *Mona a Barcelona,* d'Antoni Miralda i Llorenç Torrado, editat per l'editorial Polígrafa, i que és un tractat sobre la mona encara no superat en molts aspectes.

Gegants de merenga (1982): Per a una concentració de gegants a Matadepera, li van demanar a Joan Turull que fes unes reproduccions dels gegants del poble, i les va fer de dos metres i mig d'altura i de merenga. Hi havia uns dos-cents gegants en total, i els de merenga quedaven al mig i no desentonaven gens!

Salvador Jurado, Antonio Zamora i Joan Turull, a la dreta, orgullós davant del gegant de merenga que va elaborar per a la Trobada Internacional de Gegants de Matadepera. El de la foto representa un dels gegants de la població (1982).

Maqueta de xocolata de l'Anella Olímpica (1986): Durant la celebració del saló Tecnoalimentaria, el març del 1986, a la Fira de Barcelona, el Gremi Provincial va presentar una maqueta de l'Anella Olímpica de la ciutat de cinquanta metres quadrats, confeccionada exclusivament amb xocolata per 35 professionals de l'entitat, entre els quals hi havia en Joan Turull, i altres grans pastissers, especialistes en les grans figures de xocolata, dirigits pel Venanci Pallarès, que ho va coordinar tot. La maqueta va batre el rècord Guinness essent la peça de xocolata més gran del món. Es van requerir més de 1.900 hores per elaborar-la, les dimensions finals van ser de 10 x 5 x 0,73 metres i el pes total va ser de 1.800 quilograms. I la ciutat encara no havia estat proclamada seu olímpica!

La maqueta de l'Anella Olímpica que va merèixer el rècord Guinness del pastís més gros del món elaborada pel Gremi de Pastissers (1986).

L'home privat: de portes endins

TOTA una vida d'empresari m'ha fet adonar que hi ha una sèrie de valors fonamentals que t'ajuden a fer millor la feina. Són valors en què he cregut sempre, i m'agradaria poder-vos-els transmetre. N'hi ha de més personals i n'hi ha que tenen més a veure amb la feina, però, en el fons, tant els uns com els altres serveixen per a tot, perquè tot es barreja, i més si tens un negoci al pis de sota de casa, o viceversa.

L'amistat

L'amistat té un valor incalculable per a mi. Em considero un afortunat, perquè tinc molts amics, tants, que no en podria distingir un de sol. Tots són diferents, a més, i cadascú et demostra l'amistat a la seva manera. N'hi ha, fins i tot, que et poden demanar diners i que, encara que sàpigues que no te'ls tornaran mai, els deixes sabent que continuareu sent amics sempre. En canvi, n'hi ha d'altres que no. D'altra banda, i encara que sembli un tòpic, els amics els coneixes quan les coses no et van bé. Perquè tenir molts amics quan tot fa baixada no costa gaire, però quan les vaques comencen a ser més primes... Llavors és quan t'adones qui està disposat a fer coses per tu i qui no. I també se'n van perdent, perquè a la vida passen coses que després ja no es poden arreglar, és inevitable.

Jo he tingut vincles d'amistat amb alguns treballadors, també, sobretot amb els qui porten més anys a la casa. N'hi havia un que feia anys el mateix dia que jo i fèiem costellades per celebrar els nostres aniversaris aquí a l'obrador! Era un ambient especial. Tot això us deu sonar a xinès, perquè ara tot ha canviat molt, però abans era així.

El que passa amb els anys és que els amics es van morint, i això és dur. I amb una professió tan sacrificada com la nostra, encara més. De tota la colla que érem, han faltat massa d'hora uns quants: el Marcillas i la Rosita, el Pepe Balcells, el Fontanet, el Vilella, el Bonastre i el torronaire José Vicente Mullor... Tots amb seixanta anys i poc! Això et va marcant i potser t'ajuda a valorar encara més el present i el valor de l'amistat.

La lleialtat

La lleialtat i la noblesa són dues coses que valoro molt en una persona. Dos valors que he intentat tenir i que busco en la gent que conec i que vull que treballin per a mi o que siguin amics meus. De seguida dono molta confiança a la gent que conec. Ara, si no són lleials o no són nobles, no m'agraden. I si algú em falla o em desenganya, em costarà molt reconciliar-m'hi o tornar-hi a confiar. Si em trenquen els esquemes, no sóc capaç de reconstruir-los.

La responsabilitat

Aquest potser és un dels valors més importants que em va inculcar el meu pare, un dels que més m'ha marcat al llarg de la vida. Potser massa i tot, perquè al capdavall, mires enrere i penses que una cosa és ser responsable —que és molt important i necessari—, i l'altra és ser-ho fins al minut de morir-te. S'ha de viure, coi! Però també és un tret del caràcter, amb el qual alguns naixem, i ja no ens el podem treure de sobre. I els qui el tenim l'apliquem a tot arreu: a la família, és clar, i a la feina. De molt jove, no me n'anava mai de festa amb els amics, preferia quedar-me treballant a l'obrador de casa, i sempre he estat així. Ser responsable és ser conscient que, si hi ha una feina a fer o un compromís a complir, no es pot fallar. Aquest potser seria el millor plantejament: si no ho fas tu, qui ho farà? Potser ningú, i això sí que no pot ser.

En l'àmbit laboral, això val per a tothom: per al propietari i per als treballadors. Cadascú ha de ser responsable del que fa. Sempre dic que un treballador no treballa per a mi, que treballa per a ell, per al seu sou. De tota la resta —Seguretat Social, Hisenda, inversions en maquinària— ja me n'ocupo jo, que per això sóc el propietari. I el treballador només ha d'intentar fer-ho el millor possible i tenir una bona actitud. Els propietaris no som ximples: si veiem que una persona val i ajuda a l'empresa, que està disposada a fer el que faci falta, sabem com pagar-ho. Hi ha d'haver una responsabilitat de la feina ben feta, a tots els nivells.

L'esforç

En castellà hi ha un refrany que ho deixa ben clar: «El que quiere algo, algo le cuesta», i és ben bé així. Potser amb l'aparició de la informàtica i de les tecnologies en general, les feines s'han tornat més descansades. I malgrat que està bé que sigui així, crec que la gent ha perdut contacte amb la realitat. Han oblidat que les coses només s'obtenen amb molt d'esforç, lluita i tenacitat. També és cert que no fa tants anys, un pis o un terreny, per exemple, costaven mig milió de pessetes, que llavors era molt, però no tant com el que han arribat a costar els pisos durant aquests darrers anys. Aleshores era possible que dues persones, treballant molt i estalviant a poc a poc, poguessin comprar-ne un sense quedar endeutats de per vida. Aquesta facilitat per obtenir préstecs i hipoteques, que hi ha hagut després, ha estat una mena de condemna, segons com es miri, perquè quan les coses han anat mal dades, el consum ha quedat del tot anul·lat. I després hi ha un altre aspecte: la gent avui ha posat el fet de viure per davant de la feina, i ha volgut, per exemple, marxar de vacances ben lluny, sense mirar despeses. Això nosaltres no ho havíem fet mai. Hi ha una altra dita, aquesta en català, que s'adiu molt a la situació actual: «Una caritat per a l'home que ha anat equivocat». Això es deia sobre les persones que no havien calculat bé els diners que els farien falta per viure, a la llarga; les persones que no havien fet racó. Perquè sempre passen coses, sempre hi ha imprevistos. Ara sóc dels pocs que encara pensa això. Tots penseu el contrari: que és més important viure que no pas treballar. Crec, però, que aquesta cultura de l'esforç haurà de tornar, que haurà de fer-ho d'una manera o d'una altra, perquè si no, no ens en sortirem.

La lluita

Crec que s'ha de lluitar, que s'ha de ser lluitador. En el que sigui. Als meus fills sempre els deia —i us ho dic a vosaltres també, Pep i Carles—: «Què vols ser? Escombriaire? Perfecte. Però sigues el millor escombriaire, coi!». Sempre es pot fer alguna cosa, fins i tot en la situació econòmica actual. Tenim més habilitats de les que ens pensem, es tracta de buscar-se la vida. Oferir-se per netejar boscos o parcel·les, per exemple. Un ha de saber negociar: «Escolti, quant paga perquè li netegin això? Doncs jo li faré cobrant-li el deu per cent menys». Entenc que hi ha persones més lluitadores, i persones que potser són més apocades o tímides, que no s'atreveixen a oferir-se per fer coses així, però s'ha de provar tot.

> «Què vols ser? Escombriaire? Perfecte. Però sigues el millor escombriaire, coi!».

El risc

Els pastissers estem acostumats al risc: treballem amb material que es fa malbé, i és molt important calcular bé quant es gasta cada dia per no haver de llençar massa gènere. Quan s'acosten dates assenyalades com, per exemple, Sant Valentí o Dijous Gras, cal tenir preparats els cors o les coques de llardons des d'uns quants dies abans. No cal començar a coure'ls fins que s'acosti la data, però han d'estar preparats. A preparar la xocolata de les mones de Pasqua, ens hi posem després de Reis, com aquell qui diu, i això són moltes hores invertides, però s'ha de fer així. El que no pot passar és que entri un client i no tinguis res preparat. Val més llençar una mica de gènere que no pas que en falti.

Avui dia, amb aquesta crisi, tot és encara més complicat. Si algú em digués que vol obrir una pastisseria, el primer que li preguntaria és: «On la vols obrir?». Abans un podia obrir-ne una a qualsevol lloc, però avui només pot ser en un carrer per on passi molta gent i on no n'hi hagi cap altra a molta distància; hi ha tota una sèrie de condicionants que són més importants que abans. Hi ha més risc, això és segur.

L'estalvi

Sempre he estalviat. Ja us he explicat que des de ben petit apartava diners de la caixa i després els oferia al pare, que quedava sorprès i molt agraït. A mesura que m'he anat fent gran, he après a estalviar d'altres maneres: comprant la casa del costat de la pastisseria o antiguitats. L'important és tenir coses que, arribat el moment, pugueu vendre. No hi fa res que us paguin menys del que voldríeu, la qüestió és que us paguin! I, encara més important, no s'han de posar tots els ous a la mateixa cistella, s'han de repartir. Si ja us heu comprat un pis, ara adquiriu una altra cosa diferent, que pugueu vendre amb més facilitat, per exemple. Fixeu-vos en la gent que tenia or: ara l'ha pogut vendre i ha guanyat molts diners.

L'autoexigència

Jo sóc conscient que he estat sempre un propietari dur, fins i tot massa, però també sé que mai no he exigit a ningú que fes res que jo mateix no fes. Crec que, al mateix temps que exigia molt, també donava el que calgués sempre. Però la duresa sempre l'he començada per mi mateix, i l'obligació de fer les coses ben fetes sempre he considerat que començava per mi. Això a vegades m'ha comportat carregar massa coses a l'esquena —més de les que podia suportar—, però no he sabut fer-ho d'una altra manera.

El lideratge

Manar no és fàcil. Potser és una cosa instintiva, que et surt de dins, però amb els anys aprens a fer-ho millor. El meu lema sempre ha estat «pagar molt i manar fort», que vol dir que valores els treballadors que tens, els retribueixes el que es mereixen, i així els pots exigir el màxim. A la gran indústria, les coses són diferents, però a petita escala, en un comerç, si les persones se senten ben valorades, trauran un producte de més qualitat, perquè treballaran més a gust i perquè entendran millor el teu projecte.

La intuïció

Sempre m'he mogut per intuïció, com el meu pare. Ell era un visionari: veia les coses clares, n'estava convençut, i tirava fins al final. Això és per a mi la intuïció, al cap i a la fi: tenir una idea i creure-hi fins al final, apostar per ella.

La llibertat

Sempre he valorat la llibertat que em donava tenir el meu petit comerç, i per això, i per altres motius, no m'he fet mai ni industrial ni gran empresari. He arribat a fer moltes bestieses, com ara tenir un casament, a les dues del migdia pujar a dalt a canviar-me, arribar-hi a les tres pel final de l'aperitiu, i a les cinc tornar a ser a la botiga treballant. Ho feia perquè no podia deixar el negoci. El fet de saber, però, que podia quedar-m'hi fins que volgués, tenir aquesta certesa, és el que valoro. És cert que no tenir comerç propi vol dir tenir els caps de setmana lliures, però què vol dir això, realment? Jo, per exemple, estic acostumat a fer festa els dilluns. Tinc la meva colla dels dilluns. I és fantàstic: si has de sortir, trobes poca gent arreu, no hi ha trànsit a les carreteres... Tot això també s'ha de tenir en compte. La gent que treballa a casa també té aquests avantatges, i no els canvien per res. Si aquests horaris se saben combinar bé amb la parella i la família —cosa complicada, no us enganyaré—, els avantatges són més que els inconvenients, no en tingueu cap dubte.

Uns quants gustos

Creus que ets...?

Optimista o pessimista? OPTIMISTA
Humil o superb? HUMIL
Tímid o extravertit? TÍMID
Passional o racional? PASSIONAL
Creus en el caràcter o en el destí? En el CARÀCTER

Un llibre:

Oliver Twist, per tot l'esforç que ha de fer aquell noi per superar les dificultats de la vida.

Un quadre:

Qualsevol d'algun pintor català com Mir, Rusiñol, Jimeno, Calsina... que estan poc valorats en l'àmbit internacional.

Un paisatge:

En podria citar molts: la Vall d'Aran, la Costa Brava, Mallorca, Menorca, Formentera... Per a mi, però, un paisatge també inclou el que hi hagi fet. No sóc persona d'estar-me assegut dues hores mirant un paisatge. Per exemple, al Pallars Sobirà, a la Vall de Cardós, hi ha un poblet que es diu Estaon i la vall és absolutament preciosa. Però el que recordo amb més estima són els rovellons que hi vam trobar! Encara guardo les fotografies.

Una olor:

La de la xocolata, és clar! O la del pa o un croissant acabat
de sortir del forn. La que més associo als meus pares és
la de la farina, la farina pastant-se. És la que em va en-
ganxar a l'ofici.

Una cançó:

Totes les dels Beatles. Són els Beethoven del segle xx. I
després, el Michael Jackson. I algunes cançons tristes i
romàntiques de l'Adamo, que cantava en francès, i l'italià
Domenico Modugno.

Una pel·lícula:

La llista de Schindler o *Sempre al teu costat, Hachiko* em
van impressionar molt, però sempre m'han agradat les
comèdies. Les de Jerry Lewis, o les de Cantinflas, que
semblava beneit, però deia coses molt intel·ligents. Potser
farien falta pel·lícules així, ara, i no les coses que surten.
Li vaig regalar al meu fill tota la col·lecció de Cantinflas,
i li van agradar molt!

Una afició:

Els bolets. Durant més de vint anys, he anat, una vegada
o dues cada temporada, a buscar bolets, com diem aquí a
Barcelona. A Girona diuen «caçar» bolets, però aquí sem-
pre s'ha dit «buscar». Em dóna una satisfacció que no
sabria com explicar: ara en trobes un, ara en trobes un

altre, ara un més enllà. Però s'han de saber reconèixer, perquè et poden donar un disgust molt gros, si et menges els que no són adequats. N'hi ha de molt verinosos! Si no se'n sap, cal preguntar a algú que en sàpiga més, no refiar-se de segons quines fotografies. Per exemple, es poden confondre un ou de reig i un reig bord: només els diferencien els puntets blancs de sobre. Val més aprendre's els deu o dotze clàssics, i amb aquestes varietats ja n'hi ha de sobres per gaudir, i molt. Hi ha un altre aspecte de la meva afició als bolets que cal tenir en compte, i és que no m'agrada anar-hi sol. No perquè pateixi —sempre et pot passar alguna cosa, i amb l'edat encara hi ha més possibilitats—, sinó perquè el que em fa gaudir més de la recerca és xerrar amb qui m'acompanya i ensenyar els bolets que trobo. No és qüestió d'acumular-los —moltes vegades els regalo—, sinó de distreure's, d'anar fent coses. Com anar a collir olives i després fer-ne conserves. Són maneres esplèndides de passar un matí, encara que no en trobis —com passa a vegades en el cas dels bolets, que hi ha un moment en què ho veus clar i saps que no cal buscar més perquè no n'hi ha. I cap a casa falta gent. En un futur, m'imagino podent anar cada dia a buscar bolets i no només un cop per setmana. Si se'n fan, és clar.

La importància de la salut

La salut, nois, és l'única cosa que ens ve donada, i quan no se'n té no podem fer res. Es pot lluitar contra les malalties, és clar, i s'ha de fer, i moltes vegades es vencen i tot plegat es converteix només en un mal record d'una mala època. Jo, però, que he perdut amics per culpa del càncer, per exemple, només puc dir que és molt dur, i que et sents del tot impotent. Penses que no hi ha dret, però no hi pots fer res. Jo vaig viure la mort del meu amic de l'ànima, el Pepe Balcells, de massa jove, i no sé si ho he paït encara.

Jo no he tingut grans malalties, per sort, però vaig passar una depressió molt forta, i això també és fotut. Va ser durant els anys vuitanta. No era conscient que estava entrant en una depressió, i per això vaig trigar ben bé cinc anys a sortir-me'n. De jove n'havia tingut un altre, de moment de baixada, també per un sobreesforç. L'estrès mal curat porta a la depressió, i això és el que em va passar a mi. Dormia quatre o cinc hores diàries, tota la resta les treballava com un animal, i vaig petar. Hi ha cossos que aguanten i d'altres que no, i el meu no va aguantar tant d'esforç i tanta pressió —sobretot la que em posava jo mateix. L'autoexigència amb mesura està bé, però ja us he dit que, a mi, això de la mesura, em costa! La depressió es passa força malament. Moltes nits me n'anava a dormir pensant que l'endemà no em llevaria, i només hi acabava anant de tan rebentat com estava, de cansament. Però patia. I a vegades estàvem sopant a casa d'amics i havia de sortir a fora perquè em toqués l'aire, perquè si no, m'ofegava. O m'agafaven les palpitacions i li demanava a la vostra àvia —que va ser el puntal que em va permetre aguantar tota aquesta època— que em portés a fer una volta en cotxe. I així ho anava sortejant, cada dia una cosa diferent. Fins i tot hi havia dies que no podia ni baixar a l'obrador, perquè em rodava el cap. L'endemà, però, ja tornava a ser a baix, treballant, perquè no em podia permetre el luxe de parar ni una setmana ni un dia. De cap manera.

Una de les coses que vaig fer aleshores va ser deixar de fumar. Abans havia fumat molt, era un fumador de dos o tres paquets diaris. D'aquells de tenir sempre un cigarret encès rere l'altre. I això que el meu pare havia mort de càncer de pulmó! Però no ho vaig deixar per aquesta raó, ho vaig fer perquè sabia que no era bo, i que ho hauria de deixar un dia o altre. Aquest és un consell que dono als joves, i sobretot a vosaltres: penseu que tard o d'hora ho haureu de deixar i que, per tant, com abans ho feu, millor. La gent que no ha fumat mai no entén el que costa deixar-ho, costa molt. Costa tant que sé perfectament que, tot i que porto vint anys sense fumar, si ara me'n fumés un, hi tornaria a caure de quatre potes una altra vegada. I, de fet, estic enganxat a les pastilles de nicotina des de fa vint anys, perquè de totes les substàncies, la que crea addicció és la nicotina i no el quitrà o qualsevol altra. Aquestes són les que fan mal a la salut, però la que enganxa —i d'una manera física i psicològica— és la nicotina.

Les creences

Tinc un amic que diu que si és veritat que no hi ha res més després de la mort, la vida és una enganyifa. Penso el mateix i per això prefereixo pensar que hi ha alguna cosa. Em considero creient no practicant; catòlic, és clar, per educació. Al país que som, és normal que l'educació sigui catòlica, o que ho fos fa anys. Cap als trenta anys o trenta-cinc, vaig tenir la típica crisi, i vaig dubtar. Però després, quan m'he anat fent gran, m'he començat a preguntar més sovint si hi haurà algú més. I aleshores arriba un moment en què ja creus en tots els déus possibles: Al·là, Crist, Buda... T'adones que, al cap i a la fi, tots responen a la mateixa idea. Totes les cultures han cregut sempre en un ésser superior, i això ha de ser per alguna cosa, em sembla a mi.

A mi la mort no em fa por, em fa curiositat. Una altra cosa és el patiment, que em fa més por, malgrat que no hi penso. Quan arribi el moment, ja decidiran els altres per mi, perquè jo no estaré en condicions de fer-ho. La mort, però, no em fa una por excessiva. No em vull morir, evidentment, ningú no ho deu voler. Tanmateix, penso que algú és viu mentre és recordat, i que això dura com a mínim un parell de generacions: els fills que pensen en els pares, i els néts com vosaltres que, si els han conegut, pensen en els avis. I vosaltres, rai, que heu conegut un besavi i dues besàvies, però la majoria de gent és possible que no sàpiga ni com es deien els seus besavis. Si ara us preguntés com es deien els vostres besavis, tindríeu feina a dir-me'n els noms complets, oi? Una persona és viva mentre se la recorda.

> **Una persona és viva mentre se la recorda.**

Els homes que hauria pogut ser: el músic i l'antiquari

A la vida s'ha de triar i jo era molt jove quan vaig triar la meva professió. Si no hagués estat pastisser, crec que com a mínim hi ha dues coses que claríssimament hauria pogut ser: músic o antiquari. I potser ambdues vocacions estan més relacionades l'una amb l'altra del que sembla, perquè les dues són passions que he sentit; una més de jove, i l'altra tota la vida. Ara us ho explico.

El músic

No puc parlar de música i joventut sense parlar del Desi (DEP), el meu gran amic i aliat d'aquells anys. Vam estar en dos grups de música. Primer, als The Fire Stars i, després, als The Fivers Boys, que era un grup una mica més seriós. En tots dos casos, assajàvem després de treballar, de deu a dotze de la nit, amb una passió i unes ganes que no oblidaré mai. El Desi portava tota la part musical, per a la qual crec que ell estava més dotat. El dia que els Beatles van treure «Twist and Shout», va arribar com un boig al local d'assaig i ens va dir a tots com l'havíem de tocar exactament: «tu fes aquest acord i tu aquest altre». Va acabar sent un dels nostres èxits més esclatants: el tocàvem molt bé. Jo manava, com sempre, posava una mica d'ordre, perquè algú havia d'organitzar les coses. S'havia de decidir quines cançons es tocaven, en quin ordre, o com s'anava als bars o locals on ens havien contractat un concert: al Bar Anita de Terrassa, a Sant Cugat, a Rubí, al barri de Gràcia, on fos. Cobràvem molt pocs diners, és clar, i tot ens ho gastàvem a millorar els instruments, comprar amplificadors o un sintetitzador, substituir les cordes de guitarra que trencàvem, etcètera.

La música me la prenia molt seriosament. N'hi havia que venien a assajar per passar l'estona, sobretot al primer grup, i per això aviat es va desfer. Però llavors, per al segon grup, ens vam ajuntar cinc companys que hi posàvem totes les ganes del món: un que era carnisser, jo que era pastisser, un d'una agència d'assegurances, un que no treballava i que per això tenia més temps que la resta, i finalment el Desi, és clar. En dates assenyalades, com Sant Joan, Nadal o Cap d'Any, havia arribat a no dormir per la música. Els companys em venien a buscar a l'obrador d'en Sàbat a les nou del vespre, anàvem a tocar on fos, cap a les cinc m'hi tornaven a deixar i jo em posava a treballar un altre cop fins a les tres de la tarda. Llavors agafava el tren cap a Terrassa, i m'adormia tot el trajecte. I a casa només tenia un parell d'hores per dormir, perquè podia passar que aquella tarda de festiu tinguéssim un altre concert! No sé com ho aguantava, suposo que la joventut hi feia molt. Però amb el temps ho vam anar deixant, perquè eren moltes hores, pocs ingressos, i les nostres feines ens reclamaven cada vegada més. També ens costava avenir-nos, perquè tots pensàvem de maneres molt diferents,

El jove Joan Turull, amb la seva guitarra, somiant a ser una estrella (1963).

Joan Turull, de gala i a punt per començar un concert (1963).

i tot plegat devia influir. Vaig marxar a la mili, a dinou anys, i després ja no ens hi vam tornar a posar.

Fèiem dos tipus d'actuacions. El que eren pròpiament concerts —als quals fèiem venir les xicotes, com la vostra àvia Juanita—, i els cops que ens contractaven per *fer ball,* com es deia aleshores, en llocs una mica menys recomanables on no ens feia cap gràcia que vinguessin les noies. Recordo que m'esforçava per fer recordar al vocalista les cançons que havia de cantar a la primera part, i ja no n'hi deia cap per a la segona, perquè sabia que, entremig, es beuria una ampolla de ginebra sencera i no podria cantar més. Feia tota la segona part bufat perdut!

Joaquín Soler Serrano i «Speedy Gonzales»

Després de les riuades de Terrassa, a principis del 1963, el presentador de televisió Joaquín Soler Serrano va organitzar un gran concert benèfic per als damnificats. No cal dir que els The Five Stars hi estàvem convidats. Havíem estat assajant molts dies la cançó «Speedy Gonzales», que ens agradava molt. Quan vam arribar, vam descobrir, amb horror, que un grup molt més conegut que nosaltres, els Atila, pensava tocar la mateixa cançó! I el Desi, que no es tallava ni un pèl, va anar cap a ells i els va proposar que la canviessin. Ells s'hi van negar i el Desi va respondre: «Doncs ho sento per vosaltres». Ens tocava a nosaltres abans que ells i, quan estàvem a punt de començar, vam descobrir que no ens funcionaven els amplificadors, però els Atila es van portar molt bé i ens van deixar els seus. Com que no teníem cap més cançó preparada, vam tocar «Speedy Gonzales», com havíem previst. Encara recordo com em tremolaven les cames i com em costava encertar les notes amb la guitarra, però va sortir molt bé.

Els The Five Stars, amb Joan Turull a la guitarra: el Johnny, el Joan, el Desi, el Juli i el Josep.

Havíem de tocar temes musicals, només, perquè ell no era capaç d'enganxar ni una nota! Tot plegat era un ambient una mica fosc, que no m'acabava d'agradar. Preferia els concerts públics, amb les fans i els focus i tot el que un s'imagina que passa quan toques en un grup de música.

L'antiquari

Les antiguitats han estat el meu passatemps tota la vida. No puc recordar ni com ni per què vaig començar a tenir aquesta afició. Només sé que les coses antigues em criden, és una qüestió de gust per tot allò que és del passat. M'hauria encantat, per exemple, ser arqueòleg, i rascar la terra amb aquelles escombretes. Però res. Amb catorze anys ja li demanava a la meva mare si podia guardar aquell objecte o aquell altre, objectes on jo veia una certa antiguitat. Recordo una cafetera d'aquelles elèctriques d'abans que teníem per la cuina. Li vaig preguntar a la mare si la necessitava i em va dir que no, i la vaig restaurar, perquè això era el que més m'agradava. Va quedar tan bé que el meu germà se'n va enamorar, i l'hi vaig regalar. Encara la té! A partir dels vint-i-tres, ja casat, cada dilluns me n'anava de drapaires: tenia la dona —la vostra àvia— fregida, amb tantes excursions a llocs remots! I els dissabtes agafava una furgoneta, una DKV que era del meu germà, recorria pobles de tot Catalunya, i tornava amb la furgoneta plena: calaixeres, motos, el que fos. Al principi no en tenia ni idea, i comprava coses dolentíssimes, perquè els brocanters i drapaires t'enreden sempre que poden; s'ha d'anar molt alerta. Però poc a poc, en vaig anar aprenent, i vaig començar a saber distingir les coses bones de les que no valen res. Us explicaré una anècdota totalment verídica perquè ho entengueu. Hi havia un brocanter de Sant Celoni que es deia Lloveres que feia anys que em venia antiguitats. Un bon dia vaig anar-lo a veure amb la furgoneta carregada d'andròmines, disposat a treure-me-les de sobre. En arribar, li dic: «Lloveres, m'has fotut cada enredada, que Déu n'hi do!». I ell em contesta: «Escolta, noi, t'he ensenyat l'ofici, eh?». Vaig descarregar la furgoneta i aleshores, no sé per què, en lloc de demanar-li diners, li vaig proposar un canvi, i em vaig endur una sola peça que valia tant com tot el que li havia tornat. Com a mínim ja havia après alguna cosa.

També vaig aprendre a no entrar en el món de la ceràmica ni en el del vidre, perquè les falsificacions són molt fàcils de fer, i jo no tenia prou coneixements per distingir un original d'una còpia. Pot arribar a ser impossible encertar-ho. Les fan ben bé iguals, amb els mateixos colors i tot. Ara, això no vol dir que la còpia no acabi tenint valor. Una vegada, devia ser cap a l'any 1975, era al pediatre amb els fills i, per fer un experiment, li vaig ensenyar una falsificació i li vaig preguntar si sabia quant demanaven per allò. Em va contestar alguna cosa com mil pessetes —que aleshores eren molts diners—, i jo li vaig dir que estaven totes a vint-i-cinc pessetes, i que n'hi havia una pila. Ell em va contestar que ja podia anar a comprar-ne unes quantes caixes, perquè segur que acabarien tenint més valor. Això va ser una altra ensenyança per a mi. Aquest fet, però, també em va convèncer de dedicar-me més als mobles, perquè amb el mobiliari no es poden fer tantes falsificacions —es nota massa— i perquè m'agrada que les coses siguin de debò. Una altra cosa a què tampoc vaig dedicar-me mai va ser al col·leccionisme. Si et fas col·leccionista, t'obsessiones amb les coses i pots arribar a pagar fortunes per peces que no ho valen només perquè te'n falta una per completar la col·lecció. I això és perillós.

Encara conservo la primera peça que vaig comprar, als Encants de Barcelona. Per a mi és intocable. No és res especial, ni gaire gros: és un rellotge de ceràmica amb tot un voltant de metall que s'havia hagut de fer a mida. Recordo que érem als Encants amb la vostra àvia i que vam dir: «Quin rellotge més bonic». Llavors vaig preguntar el preu, i em van dir que valia quinze mil pessetes, cosa que per a mi era del tot impossible de pagar. Em vaig acomiadar, però el venedor es va pensar que regatejava, i em va preguntar: «Quant me'n donaries?». Així que li dic: «Me'l quedaria per cinc mil, però més...», i em fa «tot teu». Hòstia! Com em van doldre aquelles cinc mil pessetes, sobretot perquè, com que encara no hi entenia prou, no sabia si estava comprant car o barat. El cas és que sempre li he tingut molta estima i el tinc a casa: és la primera peça.

M'agradaven tant les antiguitats que, cap a l'any 1985, vaig estar molt a punt d'obrir una botiga d'antiquari a Barcelona. Havia trobat el local, i només havia de signar els papers, però la setmana que ho havíem de fer, li van diagnosticar un càncer de pulmó al meu pare i em vaig quedar planxat. Recordo que vaig trucar al propietari i que li vaig dir: «Miri, ho sento molt», i ja no vaig ser capaç de dir res més. I el projecte va quedar oblidat. La malaltia del pare va durar tres anys i mig, va ser molt dur, i el tractament va costar molts diners, també. Tot i que em va saber greu no obrir

Col·lecció de tornabodes *de Joan Turull.*

la botiga, vist amb perspectiva penso que potser va ser millor que anés així, perquè posar-se al capdavant d'un negoci del qual no saps gaire res no és la millor de les idees. Ara, ser antiquari hauria estat el meu somni, la meva il·lusió.

Ara només compro uns cistellets de vidre que abans es deien *tornabodes* i que eren típics de pastisseria. S'hi posaven uns confits a dins, i eren per a la gent que no havia pogut assistir a un casament. Els antiquaris no ho toquen massa, és un producte més típic de brocanter, però n'he arribat a veure de molt bonics! D'aquests en tinc una petita col·lecció, uns cinquanta o seixanta dels anys vint, així que quan arribin els anys vint del segle XXI —i ja no falta tant— hauran passat els cent anys reglamentaris perquè es puguin considerar antiguitats.

L'afició a les antiguitats és curiosa. Es pot dir que es gaudeix més dels moments en què estàs buscant, comprant, regatejant pel preu, o de quan tens la il·lusió d'aconseguir aquella peça per la qual t'has obsessionat o que t'ha seduït, que no pas del moment en què ja la tens. És així. I també comporta desenganys: gent que, potser sense entendre-hi massa i sense mala intenció, t'ha donat gat per llebre, i t'ha acabat encolomant coses falses. Jo m'he tret totes les peces falses de sobre i sense enganyar ningú, que consti. Ara, sempre tens la sensació que no acabes de saber-ho tot, que t'has equivocat a l'hora de comprar o de vendre. Fins i tot crec que ni els antiquaris més importants dominen aquestes coses del tot. Si els porto un bastó, per exemple, i ells estan especialitzats en calaixeres, o en figures, és possible que no acabin d'ensopegar-la, i que vagin una mica perduts. Això també és part de l'encant de tot plegat, potser.

He dit que no recordo d'on em va venir l'afició, però el cert és que el meu pare ja comprava molta pintura, i que vaig heretar aquest gust d'ell. Va passar una cosa curiosa: a mesura que ens vam anar fent grans, ell es va decantar més cap a les antiguitats i jo més cap a la pintura. I al principi ell em deia que jo estava boig perquè comprava mobles, i jo li contestava que el boig era ell perquè comprava quadres. Al final, va quedar demostrat que els bojos érem tots dos. Ara m'agraden les dues coses, els quadres i els mobles, però potser el mobiliari m'agrada encara més, perquè hi veig l'ofici i l'esforç al darrere. Ara tot això s'ha perdut. Hi ha mobles que fa tres-cents anys que aguanten, i en canvi, els d'Ikea, ja m'explicareu el que us duraran. A mi deixeu-me els mobles fets amb gràcia, per un artista. Amb els quadres també passa el mateix. N'hi ha que pinten quadres a metres, i no és això; un quadre s'ha de treballar. Us explico una altra anècdota perquè m'entengueu. Vaig comprar un quadre del Pere Gastó quan ell encara era viu. El quadre ja era bonic, però ell em va dir: «Ai, és que l'hauria d'acabar», i jo li vaig dir que cap problema, que el compraria i que podria endur-se'l i acabar-lo. Però el va transformar. El va convertir en tot un altre. Estic segur que, a sota, encara hi ha el que jo havia vist: una pianista en una sala. En Gastó li va canviar la cara a la pianista —potser perquè el meu fill aleshores tocava el piano i va voler fer-me un nen pianista— i tota la decoració del voltant. Em va semblar que era un pintor de debò, dels que només volen anar més enllà, sempre una mica més enllà. També recordo que vaig comprar un parell de pintures del Josep Roca-Sastre, un pintor modernista d'aquí a Terrassa que va morir força jove, i quan li ho vaig dir, em va fer: «Caram, sempre compres els més difícils, tu». Havia comprat dos mosaics, molt difícils de fer, amb una llum impressionant, que m'havien seduït des del primer moment. L'únic consell que us puc donar és que no compreu mai un quadre que no us agradi, que no ho feu només per la inversió. L'obra us ha d'agradar, i molt, i si, a més a més, és una bona inversió, doncs fantàstic. L'important, però, és gaudir-ne mentre el tingueu, perquè si no, quin sentit té tot plegat? Ni la vostra mare ni el vostre oncle no són gaire aficionats a la pintura —encara que els pugui agradar alguna peça en concret— i no sé si vosaltres tindreu aquesta afició, però si mai us passa, penseu en això que us explico.

De diners, no es pot dir que n'hagi guanyat tants, amb els mobles antics. He comprat molt, he venut molt, i he intentat obtenir sempre una mica de benefici, és clar, però mai una cosa desorbitada. Fins i tot, a vegades, també he perdut diners venent. Es tracta de combinar una peça amb què saps que perds amb una altra amb què guanyes; això també ho vas aprenent a fer amb el temps. I hi ha peces que sap molt de greu vendre, perquè te les estimes, i és com si t'arrenquessin un queixal. Però n'hi ha d'altres que no tant, perquè potser el teu paladar ja s'ha refinat i veus que no és tan bona, i aleshores és més fàcil desprendre-se'n. Això del paladar és del tot cert, va millorant, i també és cert que els gustos canvien amb les èpoques. Abans les peces no havien de ser tan perfectes com ara. Avui dia potser se'n fa un gra massa: un duro de plata del 1800, per exemple, val menys que alguna moneda del rei actual, alguna d'una sèrie molt exclusiva. Com que, de duros del 1800, se'n van fer potser un milió, ja no valen tant. No ho trobo lògic, perquè són molt antics, però va així. Com les monedes de Franco, que van circular molt, és clar, i ara només es valoren les que estan quasi noves. D'aquestes peces se'n diu *flor de cuny,* que vol dir que no van circular. De fet, són de col·leccionistes de l'època que ja les guardaven i n'hi ha molt poques. En general, no m'he dedicat gaire a la numismàtica, però tenia tota la col·lecció de les de Franco, que vaig regalar als meus fills. Segur que no val cap fortuna, avui, però si una col·lecció és sencera, sempre té algun valor.

Com que això de les llistes m'agrada molt, ho tinc tot apuntat, tot el que he comprat i el que he venut. Als llistats es veu que els números m'han sortit bé, que no hi he perdut, vaja, que, al capdavall, és el més important. I és clar que l'objectiu també era, en certa manera, fer una mica de calaix de cara a la jubilació, una mena de pla de pensions per no haver de molestar els fills i, en cas de necessitat, poder vendre una peça de tant en tant. El que passa és que ara tot això ha fet una baixada brutal i res del que tinc no val el que vaig pagar. Res. Però què hi farem. He gaudit molt anant a voltar i a buscar mobles per tot arreu, i això és el més important.

La mare me'ls va llençar tots!

Jo tenia onze anys, i era l'estiu que passàvem al santuari de Santa Maria de Queralt. Prop d'una fonda sortia un camí que duia cap a una font i que s'anomenava el vint-i-nou, perquè donava tota una volta i et tornava al mateix lloc. Jo, entremaliat com era, donava la volta, però després em ficava dins del bosc. Voltant per allà a dins, un dia vaig començar a trobar fòssils: trossos d'arbre, peixos i coses semblants. Al santuari de Queralt! Els vaig guardar tots a la tauleta de nit, però l'endemà al matí la mare els va trobar i els va llençar! Vaig tenir un bon disgust. I vaig provar de tornar al mateix tros de bosc, però em vaig perdre i no vaig ser capaç de trobar cap més fòssil. A vegades penso que la gent ho va descobrir i se'ls va anar emportant, perquè eren molt fàcils de trobar, no estaven ni tan sols enterrats. Però no ho sabré mai. I qui sap si tota aquesta afició a les coses antigues no em ve d'aquests fòssils perduts, que encara tinc l'esperança de trobar en alguna parada dels Encants...

No anem bé: l'anunci de Van Gogh

Hi ha un anunci a la televisió que em posa molt nerviós. Hi apareix una senyora que diu: «Mira, jo li vaig comprar un Van Gogh a ell mateix per 400 francs», i fa cara de «ara val milions». I l'altra va i li diu: «Doncs jo he comprat no sé quina marca de telèfon i per quinze euros em donen no sé quants megabytes de memòria». I l'altra es queda amb cara de ximple com si digués: «Coi, he fet el préssec». Home, jo no puc considerar que un telèfon amb els megabytes que siguin sigui tan important com un Van Gogh, això no és possible. És que ja es veu que no anem bé.

El pastisser Joan Turull

No en sé gaire, de fer d'avi. Vull dir que no sé fer-ho com ho fan els avis avui dia. Això d'acompanyar els néts al bàsquet, al camp de futbol, allà on sigui, i estar-m'hi palplantat dues hores m'avorreix i m'ho passo fatal. Sé que hi ha gent que ho fa de gust, però jo no. Quan era petit això no passava! Anaves a peu a tot arreu i sol. Jo havia fet dos quilòmetres per anar a jugar a futbol, i després dos més per tornar a casa. Però els temps han canviat. Ajudar-vos a fer els deures o xerrar amb vosaltres són coses que faig amb molt de gust, però no em demaneu que m'estigui quiet. Necessito estar ocupat fent coses. Tampoc m'agrada *jugar a la bolsa,* com se'n diu ara: bossa cap amunt, bossa cap avall, anar fent encàrrecs tot el dia. Jo, mentre em pugui valdre, treballaré, perquè, per alguna raó, aquest és l'ofici que vaig triar quan tenia la vostra edat. Això sí, continuaré vigilant-vos, per si cal retirar algun producte que no hagi sortit bé. Sempre us ho dic: «O està bé, o està malament», no pot estar «bastant bé». Si només està «bastant bé», ja el podeu llençar. Si s'ha torrat una mica al forn i no s'havia de torrar, malament. Ha d'estar al punt exacte. Passa el mateix amb la cuina: els restaurants clàssics, els de tota la vida, fan el mateix que

Joan Turull i Joana Salvador, acabats d'arribar a la festa del 65è aniversari del pastisser.

havien fet sempre, i ho fan molt bé. I estic segur que, si troben que la carn se'ls ha fet malbé, la llencen, o que si un client es queixa perquè li han portat l'entrecot massa fet, se'n desfan i n'hi porten un altre. Ha de ser així. Només sobreviurem si apostem per l'excel·lència, si ho fem millor que els altres. Excel·lència combinada amb humilitat, és clar. La persona que es pensa que ho fa tot bé, no té futur. Quan era jove i anava pel món, mirava els aparadors de les pastisseries de tot arreu, i sempre pensava que ho feien millor que jo. I això em servia d'estímul per esforçar-me i millorar, per fer-ho sempre el millor possible. Per a mi, aquest —i no cap altre— és el significat de la paraula *èxit*. L'èxit és fer les coses ben fetes.

Ja sé que us fa la impressió que ho heu vist i fet tot, però no és així. Tot és molt complicat, moltíssim. I no serà fàcil fer un bon canvi generacional, ho sé. Cada negoci és un món, i no sempre els fills s'han de guanyar la vida en allò que han fet els pares, perquè potser no hi tenen la mateixa gràcia. En el vostre cas, però, tinc la intuïció que serà així. I el que m'agradaria és que entenguéssiu que és més important la lluita que no pas buscar el benefici immediat de les coses. Ja heu vist que sempre m'ha agradat comprar coses, ja fossin neveres modernes per a l'obrador o calaixeres antigues per decorar una casa, però mai no he sabut comprar-les quan eren més barates, ni vendre-les just al moment en què valien més. Crec que no es tracta d'això si el que es vol és tenir beneficis a llarg termini i fer les coses bé. Anar a corre-cuita i mirar només el benefici que donen les coses de seguida no és manera de portar bé un negoci. I un negoci familiar, encara menys.

Hi ha una cosa en què m'agradaria que fóssiu diferents que jo: no vull que sigueu tan tímids ni vergonyosos a l'hora de mostrar els vostres mèrits com he estat jo, que sempre m'he donat poca importància. Això del màrqueting mai no ha estat un dels meus forts. No sé si això em ve de petit, quan ser pastisser —i fill de forner!— era molt poca cosa, i la gent important només eren els fabricants o els grans industrials, o els qui tenien estudis com els metges, els advocats i tants d'altres. Em vaig arribar a sentir molt marginat, per no tenir-los. Amb el pas del temps, he vist clar que tenir estudis, tot i que és molt important, tampoc no ho és tot a la vida. Ara sé que li puc parlar de tu a tu a un metge, o a un advocat, que malgrat que en pugui saber molt del seu ofici, haurà trigat els mateixos anys a aprendre'l que els que he trigat jo a aprendre el meu; això cal que tothom ho tingui clar. I potser el metge o l'advocat no saben fer res més que de metges o d'advocats, i jo, en canvi, he hagut de combinar dues coses: aprendre l'ofici i gestionar el negoci. El mateix que haureu de fer vosaltres si us acabeu dedicant a la nostra pastisseria.

No sé si he estat un bon gestor o un bon líder, això són els altres els qui ho han de dir. A vegades els joves em feu sentir com si estigués bastant passat de moda. Suposo que és inevitable, i sóc conscient que jo també li vaig demanar al meu pare que em deixés ser més independent. Quan li vaig recomanar que sortís més i es distragués, no s'ho

La família Turull completa, al costat del pastís d'aniversari dels 65 anys de Joan Turull: Joan Turull envoltat dels cinc néts i, darrere, la Juanita, l'Aniana, la nora Isabel Gálvez i Joan Turull fill (ajupit).

El pastisser Joan Turull i els cinc néts, petits pastissers: Pep, Carles, Joan IV, Nacho i Gerard.

va prendre gens bé, perquè era com jo: havia nascut per treballar. Ell ja s'hi havia posat a vuit anys, i jo a catorze. Ara es diu que érem uns nens explotats. Ja m'explicareu, però, què s'havia de fer per aixecar el país. Això a vosaltres us queda molt lluny, però als anys quaranta, quan vaig néixer, Espanya era un país devastat per la Guerra Civil, i s'havia de tornar a fer tot nou de cap a peus. A mi ningú no em va obligar a deixar els estudis i posar-me a treballar. Ho vaig fer perquè era el que s'havia de fer, i punt. I així

En primer pla, el Pep i el Carles, fills de l'Aniana. Darrere seu, a l'esquerra, el seu germà Nacho al costat del Gerard i el Joan IV, fills del Joan III.

he viscut, perquè, per a mi, viure és gaudir de la feina, de la família i dels amics.

No voldria acabar sense parlar dels amics, dels qui ja no hi són i dels qui encara, per sort, m'aguanten. Al llarg de la meva vida, he tingut la sort de tenir-ne molts, i sempre he volgut compartir-ho tot amb ells: el grup d'amics de Terrassa, com l'Amadeu Ballbè, el Ramon Bruguera i el Toni Figueres, o pastissers com el Francesc Canal, el Claudi Uñó, el Rafael Tugues, el Martí Peralta, el Joan Serarols, el Romà Mas, el Miquel Comas i el Josep Morell, o gent com en Miquel Massana, que no és pastisser sinó empresari del tèxtil, o el Pere Masramon, que encara forma part de la junta. Aprofito, si més no, per demanar perdó als molts més que segur que m'he deixat de citar i que han estat molt importants al llarg de la meva vida. Vosaltres no deveu saber què vol dir que l'amistat és un sac de sal, i per això us ho explicaré. Abans es deia que, per distingir si algú serà un bon amic, t'has de menjar un sac de sal. Un sac de sal en dinars. Imagineu-vos quants dinars has de fer amb algú per buidar un sac de sal. Només aleshores començaràs a conèixer aquella persona. Doncs jo en dec haver buidat una pila, de sacs de sal, a la vida, perquè no puc recordar cap moment en què no hagi estat envoltat d'amics.

No ha estat fàcil compaginar la família, la pastisseria i la presidència del Gremi de Pastissers de Barcelona, però ha estat una aventura que ha valgut la pena viure. Amb la vostra àvia Juanita —el meu puntal— al costat; els meus dos fills, Joan i Aniana, de qui estic molt orgullós; i ara amb vosaltres, els néts, el Pep, el Carles, el Nacho, el Joan IV i el Gerard, cinc persones amb molt de futur que espero que, de tant en tant, es recordin del seu avi, el pastisser Joan Turull.

Joan Turull, envoltat de la seva família. Drets, el Carles i el Pep, la Isabel i el Joan III. Asseguts, el Nacho, l'Aniana, el Joan, el Joan IV, el Gerard i la Juanita.